GPT가 쏘아올린

교육혁명 : GPT 활용 고등사고능력 개발하기

●●··

‖ 김대석 · 홍후조

GPT로 세상이 어수선하다. 특히 교육 분야가 더 혼란에 빠졌다. 대학은 학생들이 GPT를 사용하여 과제 작성하는 것을 어디까지 허용할 것인가를 두고 골머리를 앓고 있다. 일부 대학은 아예 GPT 사용을 금하고 있다. GPT는 아직 오류가 많다. 부정확성, 그럴듯한 거짓말(환각 현상), 편향성, 표절, 일반화 능력과 대화의 지속성 한계 등 아직 문제가 많다. 그러나 2017년 관련 논문이 나온 이후 불과 5년의 짧은 기간 동안 이룬 성과임을 고려할 때 이러한 오류는 머지않아 극복될 것이다. GPT가 오류가 있다고 하여 거부할 수 있을까? 일부 대학에서는 GPT로 과제를 작성하는 것을 금지하였고, 대학의 한 교수자는 학생들이 GPT를 활용하여 과제를 작성한 것인지를 프로그램을 이용하여 점검하고 0점 처리하여서 논란이 되었다. 산업혁명 초기 영국의 러다이트 거부 운동을 생각나게 한다. GPT를 거부할 수 없다면 도움 되는 방향으로 받아들여야 한다.

과거 기술발전은 나와 무관한 일부 분야에 한정적으로 영향을 미쳤다. 그러나 GPT는 차원이 다르다. 나에게 직접 영향을 미치고 있다. GPT 이전까지의 기술발전은 주로 신체노동을 하는 저숙련 블루칼라를 대체하였다. 1차~3차 산업혁명까지는 파급효과가 광범위하지 않고 일부 직업군(기술)에 국한되었다. 소수의 전문가 중심의 그들만의 이야기였다. 대부분의 일반인들은 산업혁명과 무관하게 전통적인 교육과 사고 및 생활방식을 유지하여도 삶에 큰 지장을 받지 않았다. 그러나 GPT가 미치는 영향은 소수의 전문가, 일부 직업군에 국한되지 않고 있다. 모든 분야가 GPT가 쏘아 올린 미래 혁명에 영향을 받고 있다. GPT가 쏘아 올린 미래 혁명이 더 이상 나와 거리가 먼, 그들만의 리그가 아닌 것이다.

GPT와 같은 생성형 AI가 블루칼라보다 하위수준에서부터 중간수준의 화이트칼라를 대체할 것이라는 전망이 우세하다. 중간수준 이하의 사무직과 저숙련 기술직은 AI로 대체될 것이다. 그러나 고급 수준의 기술직과 고차원적 사고를 요구하는 직종과 창의성을 요구하는 직종은 AI로 대체되기 어려울 것이다. 바로 여기에 미래 교육의 방향이 보인다.

GPT 시대 교육의 목표는 AI를 활용하여 과거에는 상상하지 못했던 방식으로 문제를 해결하고 창의성 같은 고차원적 사고능력을 개발하는 것이다. 학교는 학생들이 AI를 활용하여 미래 혁신을 주도하고 새로운 세상을 창조하도록 하는 교육을 해야 한다. 단순히 교과목 지식을 알고 이해하는 것으로 부족하다. 모르면 GPT에게 물어보면 된다. 슈퍼 천재급의 똑똑하고 친절한 개인비서를 모두가 가지고 있다고 상상해보라! 따라서 교과목 지식을 단순히 이해하는 것을 넘어 문제해결력, 비판적 사고력, 창의성, 글로벌 시민의식 등 미래 핵심역량을 기르고 이를 통하여 새로운 것을 창의적으로 생성하는 교육으로 변화되어야 한다.

GPT가 쏘아올린 교육혁명으로 교육의 판 자체가 변하고 있다. 이제 교육의 모든 영역, 모든 교과목에서 문제해결력과 창의성 같은 고차원적 사고능력을 개발하는 것이 필요하다. 모쪼록 이 책이 교육현장에서 학생들의 고차원 사고 능력을 기르는 데 실제적으로 유익하기를 바란다.

2023년 8월 20일
저자 일동

G쏘 교육혁명

차례

03 GPT 기능
GPT로 무엇을 어디까지 할 수 있을까? 상상하는 모든 것!

04 미래 핵심 역량

08   GPT 한계와 부작용

09   쉽고 재미있고 수업에 바로 활용하는 AI도구

서 론

01

서 론

AI 혁명시대 교육은 학생의 잠재력을 개발하여 다음 세상의 혁신을 주도하도록 하는 역량을 길러주는 교육이어야 한다. AI 혁명시대 학교는 학생들이 AI에 기반하여 미래의 혁신을 주도하고 새로운 세상을 창조하는데 일조하는 교육을 해야 한다.

1차 산업혁명은 증기기관 동력을 이용하여 상품을 생산했으며 육체노동이 필요했다. 2차 산업혁명은 숙련된 노동력이 운영하는 대량 생산을 위해 전기와 조립 라인을 사용했다. 3차 산업혁명은 컴퓨터, 데이터 및 IT기술을 사용하여 스마트 기계와 이를 프로그래밍하는 전문가를 통해 생산을 자동화했다.[1] 그러나 4차 산업혁명은 AI를 중심으로 물리적 세계, 디지털 세계, 사고의 영역(인지적 영역)까지 통합되고 있다. AI와 로봇은 일상적이고 반복적이거나 위험한 작업을 인간을 대신해서 수행하고 있다. 대신 사람은 고차원적 사고(전략적 의사결정, 문제해결, 커뮤니케이션 및 관리 활동)에 집중할 수 있게 되었다.

3차 산업혁명까지는 파급효과가 광범위하지 않고 일부 직업군(기술)에 국한되었다. 소수의 전문가 중심의 그들만의 세상(이야기)이었다. 대부분의 일반인들은 산업혁명과 무관하게 전통적인 교육, 사고, 생활방식을 유지하여도 삶에 큰 지장이나 영향을 받지 않았다.

그러나 AI로 대변되는 4차 산업혁명이 미치는 영향은 소수의 전문가, 일부 직업군(기술)에 국한되지 않고 있다. 모든 분야(산업생산, 농업, 의학, 금융, 과학, 기술, 마케팅, 의료, 교육 등)가 GPT가 쏘아 올린 미래 혁명에 영향을 받으며, 첨단 테크놀로지를 자신들의 도메인에 어떻게 수용하고 적용할 것인가를 고민하고 있다. GPT가 쏘아 올린 미래혁명이 나와 거리가 먼, 그들만의 리그가 더 이상 아닌 것이다.

GPT가 쏘아올린 교육혁명은 에듀테크를 주제로 하는 교육의 일부 영역에만 국한되지 않는다. GPT가 쏘아올린 미래교육혁명은 교육의 모든 영역, 모든 교과목에 변화를 요구한다. 학생들이 교과목 지식을 이해하고, 배운 것을 적용, 활용, 생성하는 교육의 모든 과정에서 AI를 활용하는 것이 요구된다. 심지어 창의력 등 고차원적 사고를 요구하는 교육활동에서도 AI를 활용하는 것이 요구된다. 더 나아가 교육의 목표 및 내용, 성취기준의 변화까지 요구된다.

GPT가 쏘아올린 교육혁명으로 교육의 모든 영역, 모든 교과목에서 변화는 선택이 아닌 필수가 되었다. GPT가 쏘아올린 미래교육혁명시대 교육의 목표는 GPT같은 AI를 활용하여 과거에는 상상하지 못했던 방식으로 문제를 해결하고 이를 통해 학생의 잠재력을 개발하는 것이다.[2]

AI는 학생들이 미래를 탐색하고 준비하는데 필요한 기술을 육성하는 데 매우 효과적이다.[3] Bloom의 교육목표 분류학의 궁극적 목적은 낮은 수준의 사고를 바탕으로 높은 수준의 사고를 하도록 하는 것이다. GPT가 쏘아올린 교육혁명으로 이제 모든 학생들이 창의성, 문제해결력 등 고차원적 사고를 하는 것이 가

능하게 되었다. 학생들은 이제 AI를 활용하여 획일적, 의존적 사고를 넘어 창의
적으로 사고하고 이를 통해 자신의 미래를 설계할 수 있게 되었다.

1) 단순한 에듀테크 교육혁신을 넘어서는 G쏘 교육혁명

GPT가 쏘아올린 교육혁명(이하 G쏘 교육혁명)의 화두는 단순히 혁신적인 에
듀테크를 활용한 교육방법의 혁신에만 국한되는 것이 아니다. 그것은 교육의 모
든 영역, 모든 교과에서 혁신을 요구한다. 이것은 기존의 교육과정 총론의 인재
상, 역량, 교과의 목표 및 성취기준, 교과내용 등 모든 영역에서 변화를 요구한다.
G쏘 교육혁명의 화두는 다음과 같다.

- G쏘 교육혁명시대 국가수준 교육과정 총론에서 변화되어야 할 인재상과
  역량은 무엇인가?
- G쏘 교육혁명시대 길러야 할 역량과 스킬은 무엇인가?
- G쏘 교육혁명시대 교과의 목적과 성격에서 변화되어야 할 것은 무엇인가?
- G쏘 교육혁명시대 변화되어야 할 성취기준은 무엇인가?
- G쏘 교육혁명시대 변화되어야 할 교육내용은 무엇인가?
- G쏘 교육혁명시대 AI를 활용하여 어떻게 교육할 것인가?
- G쏘 교육혁명시대 어떠한 방식으로 학생을 평가할 것인가?

G쏘 교육혁명은 기존의 교육목표와 교육내용을 유지한 상태에서 단순히
GPT를 활용하여 기존의 목표, 성취기준, 내용을 어떻게 달성할 것인가의 문제를
넘어설 것을 요구한다. 패러다임의 전환이 필요하다.

기존의 교육목표와 교육내용을 성취하기 위해 AI를 어떻게 활용할까?에서

→

● G쏘 교육혁명시대 요구되는 새로운 역량과 스킬은 무엇인가?

● 해당 역량과 스킬을 성취하기 위하여 요구되는 새로운 성취기준과 교육내용은 무엇인가?

● 해당 성취기준과 교육내용을 AI를 활용하여 어떠한 방식으로 학습할 것인가?로의 패러다임의 전환이 필요하다.

[패러다임의 전환]

G쏘 교육혁명 이전		G쏘 교육혁명 시대
기존의 교육목표와 교육내용을 성취하기 위해 AI를 어떻게 활용할까?	패러다임의 전환 →	● G쏘 교육혁명시대 요구되는 새로운 역량과 스킬은 무엇인가? ● 해당 역량과 스킬을 성취하기 위하여 요구되는 새로운 성취기준과 교육내용은 무엇인가? ● 해당 성취기준과 교육내용을 AI를 활용하여 어떠한 방식으로 학습할 것인가?

GPT로 세상이 어수선하고 시끌벅적함에도 불구하고 에듀테크 관련 학문 분야 외에 나머지 교육 분야는 비교적 조용하거나 강 건너 남의 일인 것처럼 무관심하다. 이것은 G쏘 교육혁명이 교육에 미치는 파급효과를 인식하지 못하기 때문이다. GPT를 단순이 에듀테크 중의 하나로 간주하고 우리 학문(교육) 영역이 아닌, 일부 분야에 관련되는 사항으로 인식하기 때문이다. 그들은 G쏘 교육혁명 시대에도 여전히 핵심교육역량, 교육목표, 성취기준, 교육내용은 변화하지 않을 것이며 교육목표를 달성하는 방식과 도구는 여럿이 있고 GPT를 여러 도구 중 하나로 인식하고 있다. 이것은 오판이며 상황을 충분히 인식하지 못하는 것이다. G쏘 교육혁명으로 교육의 판 자체가 변화되고 있음을 읽어야 한다.

2) G쏘 교육혁명: AI교육보다 광범위한 파급효과

G쏘 교육혁명과 AI교육은 다르다. 이것은 G쏘 교육혁명과 AI교육의 개념을 혼동하는 것이다. AI교육은 AI의 개념과 응용에 대해 교육하는 것이다. AI교육은 AI를 포함한 고급 기술(high tech)을 이해하고 적용하는 것뿐만 아니라 AI와 관련된 윤리적 이슈를 학습하고 AI를 활용하여 문제해결력 등의 고차원적 사고를 기르는 것을 포함한다. AI교육은 디지털 리터러시 혹은 디지털 레디니스(readiness)의 중요한 구성요소이다.

AI 교육은 종종 컴퓨터 과학 및 수학 개념 학습이 포함되지만 이러한 과목에만 국한되지 않는다. AI 교육은 AI를 도구로 하여 교수 및 학습을 향상시키는 것은 물론 AI의 윤리적, 사회적, 경제적 영향을 가르치는 것도 포함한다.

그러나 G쏘 교육혁명은 AI교육을 넘어서는 교육의 근본적이고 광범위한 영역에 영향을 미친다. G쏘 교육혁명은 교육방법의 혁신만이 아닌, 기존의 교육의 모든 영역, 모든 교과에서 혁신을 요구한다. 기존의 교육 인재상, 역량, 모든 교과의 목표 및 성취기준, 교과내용의 변화를 요구한다. G쏘 교육혁명의 파급효과가 더 광범위하다.

3) G쏘 교육혁명: 디지털 리터러시 교육보다 광범위하고 혁신적인 변화 요구

G쏘 교육혁명은 디지털 리터러시 교육 혹은 디지털 역량 함양 교육에 국한되지 않는다. 디지털 리터러시 교육은 디지털 사회에서 정보를 이해, 사용 및 평가할 수 있는 개인의 능력을 함양하는 교육이다.[4] 디지털 리터러시는 읽기, 쓰

기, 테크놀로지 기술 및 비판적 사고를 사용하여 디지털 세계에서 정보를 찾고, 처리하고, 사용하는 능력을 의미한다.[5][6] 디지털 리터러시 교육은 인터넷 플랫폼, 소셜 미디어, 모바일 기기와 같은 디지털 도구를 활용하여 정보에 대한 커뮤니케이션과 접근이 많이 이루어지는 사회에서 살고, 배우고, 일하는 데 필요한 기술과 소양을 기르는 교육이다.[7]

디지털 리터러시는 ICT 리터러시(컴퓨터 및 인터넷으로 서비스가 제공되는 세계에 적극적으로 참여할 수 있는 능력[8]), 정보 리터러시(디지털 정보를 최적으로 검색하고, 처리하고, 사용하는 능력[9]), 미디어 리터러시(다양한 형태의 미디어에 액세스, 분석, 평가 및 생성하는 능력), 데이터 리터러시(데이터를 정보로 읽고, 이해하고, 생성하고, 전달하는 능력)를 포함하나 이보다 넓은 개념이다.

디지털 역량을 함양하는 교육은 크게 다음의 6가지 영역으로 구성된다.

- **테크놀로지 활용(처리) 역량:** 디지털 세계에서 학습과 문제해결을 위해 디지털 도구를 활용하여 정보를 조사하고, 필요한 디지털 자료나 콘텐츠를 생성하는 역량[10]
- **디지털 사회에서 학습능력:** 디지털 도구를 사용하여 학습자료를 비판적으로 분석하고 이를 토대로 새로운 지식을 창조하거나 학습자료를 생성하는 역량[11]
- **디지털 사회에서 창의성 및 문제해결력:** 디지털 도구를 활용하여 새롭고 유용하거나 상상력이 풍부한 해결책을 만들어 문제를 확인하고 해결하는 능력[12]
- **디지털 사회에서 소통과 협력:** 디지털 도구를 사용하여 다양한 목적을 위해 의사소통하고 창의적으로 자신을 표현하는 능력(Creative Communicator)

과, 디지털 도구를 사용하여 지역 및 세계적으로 타인과 효과적으로 협력하고 작업(학습)하는 역량(Global Collaborator).13)

- **디지털 시민성:** 상호연결된 디지털 세계에서 생활하고 배우고 일할 권리와 책임 및 기회를 인식하고, 안전하고 합법적, 윤리적인 방식으로 행동하는 역량(성향)14)

- **디지털 사회에서 테크놀로지에 대한 성향(태도):** 테크놀로지의 발전과 수용에 대한 균형잡힌 태도(성향, 페르소나).15)

[그림 1.1] 디지털사회에서 요구되는 교육역량

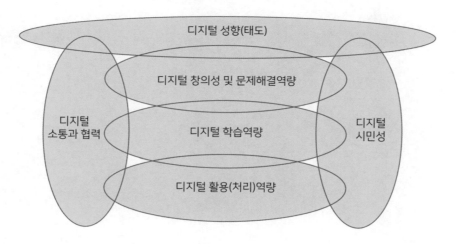

G쏘 교육혁명은 디지털 리터러시 교육을 넘어서는 교육의 근본적이고 광범위한 영역에 영향을 미친다. G쏘 교육혁명은 디지털 역량 함양 교육과 비슷하나 G쏘 교육혁명이 교육의 인재상, 역량, 교과의 목표 및 성취기준, 심지어 교과내용까지 변화를 요구한다는 점에서 훨씬 혁명적이고 파급효과가 크다.

G쏘 교육혁명

GPT 소개

GPT 소개

1) GPT 구조(Architecture)

GPT(Generative Pre-trained Transformer)는 Transformer 알고리즘을 사용한다. 트랜스포머(Transformer)는 자연어처리(NLP)에서 사용되는 여러 알고리즘 중 하나이며, 2017년 구글이 발표한 논문인 "Attention is all you need"에서 나온 모델로서 기존의 seq2seq의 구조인 인코더-디코더를 따르면서도, 어텐션(Attention)만으로 구현한 모델이다. 트랜스포머는 기존의 seq2seq처럼 인코더에서 입력 시퀀스를 입력받고, 디코더에서 출력 시퀀스를 출력하는 인코더-디코더 구조를 유지하다 보니 복잡하다. 트랜스포머 모델은 RNN(Recurrent Neural Network) 알고리즘을 사용하지 않고, 인코더-디코더 구조임에도 성능에서도 RNN보다 우수하다.16)

Open AI는 트랜스포머 디코더로 총 12개의 층(layer)을 쌓은 후에 방대한 텍스트 데이터를 학습시킨 언어모델 GPT-1을 출시하였다. Open AI는 GPT-1에 다양한 테스크를 위해 추가 학습을 진행하였을 때, 높은 성능을 얻을 수 있음을 입증했다. 현재 자연어처리의 주요 트렌드는 사전 훈련된 언어모델을 특정 태스크에 추가 학습시켜 해당 태스크에서 높은 성능을 얻는 것으로 접어들었으며17) 트랜스포머는 현재 자연어처리 분야에서 대세 알고리즘으로 채택되고 있다.

[그림 2.1] GPT의 구조18)

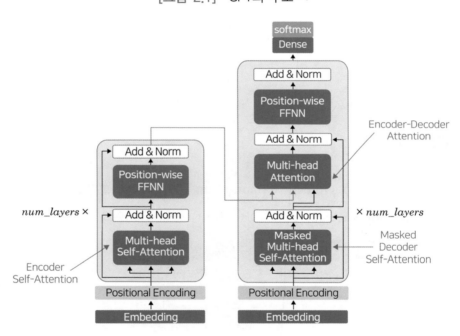

GPT가 쏘아올린 교육혁명: GPT 활용 고등사고능력 개발하기

2) GPT 시리즈

2018년 처음 공개된 GPT-1은 1억 1,700만 개의 매개변수를 가진다. 2019년 공개된 GPT-2의 매개변수는 15억 개이며, 2020년 공개된 GPT-3의 매개변수는 1750억 개이다. 2022년 공개된 ChatGPT는 GPT-3.5버전에 기반하고 매개변수는 15억 개이다. 2023년 공개된 GPT-4는 1750억 개에서 100조 개의 매개변수를 지닐 것으로 추정된다.

ChatGPT는 GPT-3.5 버전의 변형으로 대화형 인터페이스에 최적화되었다. 다른 GPT 모델과 마찬가지로 ChatGPT는 트랜스포머 아키텍처를 기반으로 하며 레이블이 지정되지 않은 텍스트의 대규모 데이터 세트로 사전 훈련되었다. 다른 GPT 모델에 비해 매개변수가 15억 개로 작은 모델이다.[19]

년도	버전	매개변수
2018	GPT-1	1,700만 개
2019	GPT-2	15억 개
2020	GPT-3	1750억 개
2022	Chat GPT(GPT-3.5)	15억 개
2023	GPT-4	15억 개~100조 개 추정

3) GPT 성능

GPT-4는 여전히 인간의 인지능력보다 떨어지지만 다양한 전문 및 학술 벤치마크에서 인간 인지 수준의 성능을 보여준다. 예를 들어, 미국 모의 변호사 시험에서 상위 10%의 높은 성적을 받았다. 기타 GRE Verbal, AP 시험 등에서 상위

권에 랭크되었다.[20) 반면 GPT−3.5의 성적은 하위 10% 정도이다.

[그림 2.2] GPT의 성능[21)

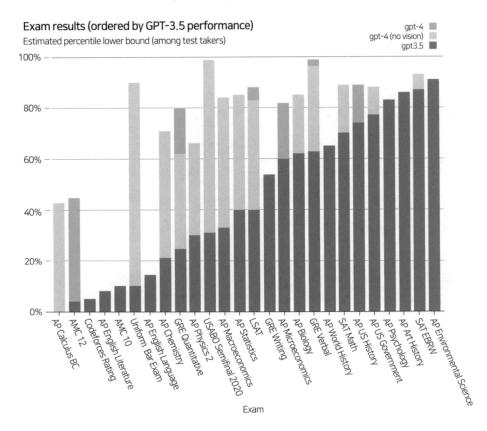

Exam results (ordered by GPT-3.5 performance)
Estimated percentile lower bound (among test takers)

GPT가 쏘아올린 교육혁명: GPT 활용 고등사고능력 개발하기

4) ChatGPT

ChatGPT는 https://chat.openai.com/auth/login에서 회원가입 후 로그인하여 사용할 수 있다(무료).

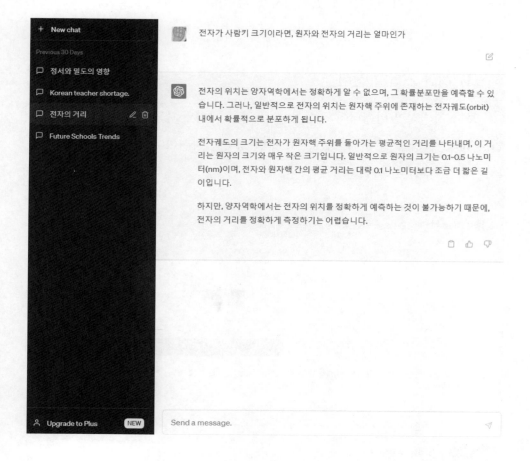

5) GPT4

GPT4는 https://chat.openai.com에서 하단의 <Upgrade to Plus>를 클릭하여 사용한다. 현재는 월 20달러의 사용료가 청구된다. 다행히도 www.bing.com에서 관련 버전을 무료로 사용할 수 있다. <www.bing.com>에서 상단의 💬채팅 을 클릭하면 아래 화면이 표시된다.

(1) 대화 스타일 선택

보다 창의적인 아이디어 생성이나 긴 작문 형식의 대화를 원하면 대화 스타일 선택에서 "창작"을 클릭하면 된다. 반면 정확한 사실이나 법칙, 지식을 탐색하는 경우 '정확함'을 클릭하면 된다.

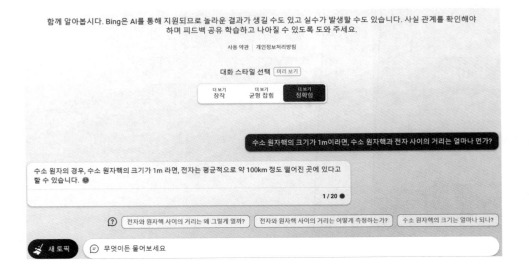

6) 입출력 형식

GPT 시리즈는 딥러닝 기반 대규모 언어모델이다. Text-to-text 모델로서 주로 텍스트를 입력받고, 텍스트를 출력한다. 하지만 현재 베타버전을 선보인 GPT-4는 텍스트 외에도 이미지를 입력받는다. 현재 다양한 입출력을 가지는 AI 모델이 이미 개발되어 있다. 텍스트를 입력받아 이미지를 생성하는 Text-to-image 모델(DALL-E, Imagen, Craiyon, Stable Diffusion), 텍스트나 이미지를 입력받아 비디오를 생성하는 Text-to-video 모델(Runway, Make-A-Video, Imagen Video, Midjourney, Phenaki) 등이 이미 개발되어 운영 중이거나 베타 버전을 선보이고 있다.

머지 않아 서로 다른 입출력 형태를 갖는 각각 다른 모델들이 하나로 통합될 것이다. 그야말로 범용 AI 빅모델(Artificial General Intelligence)이 탄생할 것이다.

	inputs	outputs
ChatGPT(GPT 3.5)	텍스트	텍스트
GPT-4	텍스트 + 이미지	텍스트 + 이미지
미래 상위 버전	텍스트 + 이미지 + 동영상 + 음악 + …	텍스트 + 이미지 + 동영상 + 음악 + …

GPT 기능 :
GPT로 무엇을 어디까지 할 수 있을까?
상상하는 모든 것!

GPT 기능:
GPT로 무엇을 어디까지 할 수 있을까? 상상하는 모든 것!

GPT로 어디까지 할 수 있을지는 가늠하기 어렵다. GPT는 다양한 NLP 작업을 수행할 수 있다. 예를 들어, 질의 응답, 텍스트 요약, 텍스트 생성, 이미지 생성 등을 할 수 있다. GPT가 수행할 수 있는 기능이나 작업은 매우 다양하고 많다.

1) 생성, 작성

- **이메일 작성**: GPT는 이메일의 제목이나 내용을 자동으로 작성한다. GPT는 특정 명세나 설명을 입력받아 새로운 이메일의 제목이나 내용을 생성한다. OthersideA는 GPT−3를 기반으로 한 이메일 작성 서비스이다.[22]
- **문장(혹은 기사) 생성**: GPT는 특정한 주제나 스타일에 맞게 새로운 문장이나 기사를 생성한다. Copy.ai는 GPT−3를 기반으로 한 문장 생성 서비스이다.[23]

- **문서 생성**: GPT는 특정 명세나 설명을 입력받아 특정한 형식이나 구조를 가진 문서를 생성한다. 이를 위해서는 GPT 모델에 명세나 설명을 입력하여 특정한 형식이나 구조를 가진 문서를 생성(출력)하는 작업을 하여 GPT를 훈련(학습)시켜야 한다.
- **시 생성**: GPT는 특정 주제나 스타일을 입력받아 새로운 시나 노래 가사를 생성한다.

> 인권, 자유, 평등,차별을 주제로 10줄 이내의 시를 작성하라

인권은 우리 모두의 권리 자유는 우리 모두의 꿈 평등은 우리 모두의 기본 차별은 우리 모두의 적

우리는 다르지만 같은 인간 서로를 존중하며 살아가자 우리는 다양하지만 같은 가치 서로를 이해하며 살아가자

우리는 함께 세상을 만들어가는 인간들 우리는 함께 미래를 만들어가는 인간들.

- **수업계획서 작성**: GPT는 학습주제, 학습목표, 대상, 교육방법 등을 입력받아 해당 주제, 목표, 대상, 방법에 적절한 수업지도안을 작성한다.
- **이야기(소설) 생성**: GPT는 특정 주제나 스타일을 입력받아 새로운 이야기나 소설을 생성한다.
- **대본 생성**: GPT는 특정 주제나 스타일을 입력받아 새로운 대본이나 영화 개요(synopsis)를 생성한다.
- **퀴즈 생성**: GPT는 특정 주제나 스타일을 입력받아 새로운 퀴즈나 문제를 생성한다.
- **자기소개서 작성**: GPT는 특정 명세나 설명을 입력받아 적절한 자기소개서나 커버레터를 작성한다.
- **사업계획서 작성**: GPT는 특정 명세나 설명을 입력받아 적절한 사업계획서나 피치덱(Pitch Deck)을 작성한다.

- **광고문 작성**: GPT는 특정 명세나 설명을 입력받아 적절한 광고문이나 슬로건을 작성한다.

- **블로그, 트윗 작성**: GPT는 특정 주제나 스타일을 입력받아 적절한 블로그, 트윗이나 소셜미디어 글이나 포스트를 작성한다.

- **질문 생성**: GPT는 텍스트나 문장을 입력받아 그것에 대한 적절한 질문이나 문제를 생성한다.

- **이름(닉네임) 생성**: GPT는 특정 주제나 스타일을 입력받아 비즈니스, 제품, 캐릭터에 대한 새로운 이름이나 닉네임을 생성한다.

- **도메인 생성**: GPT는 특정 주제나 스타일을 입력받아 새로운 도메인이나 웹사이트 주소를 생성한다. DomainsGPT는 AI 도메인 이름 생성기로, AI를 사용하여 회사의 브랜드 이름과 기억에 남는 이름을 생성한다.[24]

- **음식 레시피 생성**: GPT는 주제나 스타일을 입력받아 새로운 음식이나 요리법을 생성한다.

- **상품 디자인 생성**: GPT는 특정 주제나 스타일을 입력받아 새로운 상품 디자인을 생성한다.

> **Coach의 Rogue With Snakeskin Tea Rose 가방의 디자인을 자세하게 10줄 이상 소개하라**
>
> 코치의 **Rogue With Snakeskin Tea Rose** 가방은 자유로운 정신, 반항자 및 꿈꾸는 사람들에게 영감을 얻은 적절한 이름의 Rogue입니다. 이 가방은 코치의 장갑 가죽으로 만들어진 어디든 갈 수 있는 가방입니다. 다이컷, 손으로 그린 Tea Rose 애플리케는 진짜 뱀피부 세부 사항으로 질감이 추가됩니다. 이것은 아메리카나와 우리의 기술력의 유산을 축하합니다.
>
> 이 가방은 세련되고 우아하며 매력적인 디자인으로 레트로한 느낌을 줍니다. 이 가방은 여러분이 필요로 하는 모든 것을 담을 수 있도록 충분한 공간을 제공합니다. 이 가방은 다양한 색상으로 제공되며, 여러분의 스타일에 따라 선택할 수 있습니다.

2) 이미지 생성

- GPT는 DALL－E를 백엔드 엔진으로 하여 텍스트를 입력하면 이미지를 생성한다.

"고대 한국의 아름다운 공주가 금관을 쓰고 왕좌에 앉은 모습"
작성자: Bing Image Creator

3) 완성, 재작성

- 문장 완성: GPT는 불완전한 문장이나 단어를 입력받아 적절하게 완성한다. 이를 위해서는 사전훈련된 GPT모델에 불완전한 문장이나 단어를 입력

하여 적절하게 완성(출력)하는 작업을 하여 GPT 모델을 학습(훈련)시켜야 한다. Write With Transformer는 GPT-2를 기반으로 한 문장 완성 서비스이다.25)

- **문장 재작성**: GPT는 문장이나 단락을 입력받아 그것을 다른 방식으로 표현하거나 다른 목적에 맞게 재작성한다.
- **캡션(caption) 재작성**: GPT는 이미지나 비디오에 대한 설명이나 코멘트를 입력받으면 그것을 바탕으로 새로운 설명이나 코멘트를 생성한다.
- **해시태그(hashtag) 생성**: GPT는 텍스트나 문장을 입력받아 그것에 대한 적절한 해시태그나 소셜미디어 태그를 생성한다.

4) 리뷰 작성

- **영화 리뷰 작성**: GPT는 영화의 제목이나 내용을 입력받아 적절한 영화 리뷰나 품평을 작성한다.

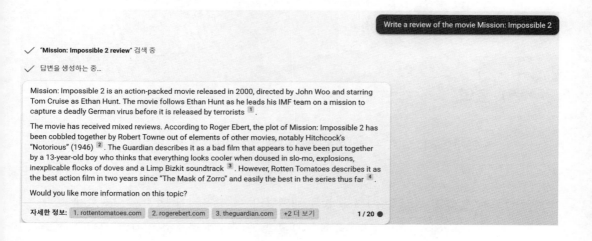

- **음식 리뷰 작성**: GPT는 음식의 이름이나 설명을 입력받아 적절한 음식 리뷰나 품평을 작성한다.

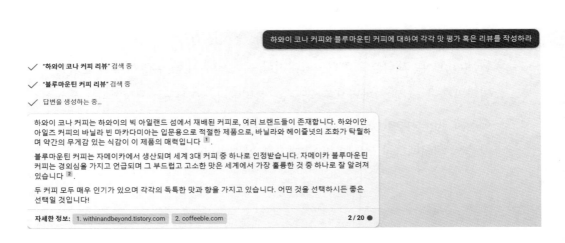

- **상품 리뷰 작성**: GPT는 상품의 이름이나 설명을 입력받아 적절한 상품 리뷰나 품평을 작성한다.
- **여행 리뷰 작성**: GPT는 여행지의 이름이나 설명을 입력받아 적절한 여행 리뷰나 품평을 작성한다.

5) 요약

- **문서 요약**: GPT는 긴 문서나 기사를 입력받아 핵심 내용을 간결하게 요약한다.
- **책 요약**: GPT는 책의 내용을 입력받아 그것의 핵심 내용을 간결하게 요약한다. 예를 들어, GPT는 책의 내용을 분석하고 중요한 정보나 사건을 추출하여 간결한 요약문을 생성한다.

- **소설 내용 요약**: GPT는 이야기나 소설을 입력받아 그것의 핵심 내용을 간결하게 요약한다.
- **영화 요약**: GPT는 영화의 제목이나 내용을 입력받아 그것의 핵심 내용을 간결하게 요약한다.
- **음식 요약**: GPT는 음식의 이름이나 설명을 입력받아 그것의 핵심 내용을 간결하게 요약한다.
- **상품 요약**: GPT는 상품의 이름이나 설명을 입력받아 그것의 핵심 내용을 간결하게 요약한다.
- **여행지 요약**: GPT는 여행지의 이름을 입력받아 그것의 핵심 내용을 간결하게 요약한다.
- **개요(outline) 작성**: GPT는 텍스트나 문장을 입력받아 그것의 주요 구조나 흐름을 간략하게 개요로 만든다.
- **제목(title) 생성**: GPT는 텍스트나 문장을 입력받아 그것에 대한 적절한 제목이나 헤드라인을 생성한다.
- **챗봇과 대화내용 요약**: GPT는 챗봇과의 대화 내용을 입력받아 그것의 핵심 내용을 간결하게 요약한다.
- **자기소개서 요약**: GPT는 자기소개서나 커버레터를 입력받아 그것의 핵심 내용을 간결하게 요약한다.
- **사업계획서 요약**: GPT는 사업계획서나 피치덱을 입력받아 그것의 핵심 내용을 간결하게 요약한다.
- **블로그 혹은 트윗 요약**: GPT는 블로그, 트윗이나 소셜미디어의 글이나 포스트를 입력받아 그것의 핵심 내용을 간결하게 요약한다.

6) 영감얻기(inspring)

- **영감얻기**: GPT는 새로운 해결책이나 창의적 방법들을 제공한다. "~에 효과적인 방법들을 소개해줘"라고 질문하면 새로운 아이디어나 방법들을 제공한다.

7) 교정

- **문장 교정**: GPT는 문법 오류나 철자 오류가 있는 문장을 입력받아 올바르게 교정한다. Grammarly는 GPT-3를 기반으로 한 문장 교정 서비스이다.26)

8) 번역

- **문장 번역**: GPT는 한 언어로 된 문장을 다른 언어로 번역한다.

9) 분류

- **문장 분류**: GPT는 문장이나 단락을 입력받아 그것이 어떤 카테고리나 레이블에 속하는지 분류한다. 이를 위해서는 사전훈련된 GPT 모델을 문장이나 단락이 어떤 카테고리나 레이블에 속하는지 분류하는 작업으로 학습(훈련)시켜야 한다.
- **문서 분류**: GPT는 문서를 입력받아 그것이 어떤 카테고리나 레이블에 속하는지 분류한다. 이를 위해서는 사전훈련된 GPT 모델을 학습(훈련)시켜야 한다.

10) 검색

- **문서 검색**: GPT는 질문이나 키워드를 입력받아 관련있는 문서나 정보를 검색한다. GPT는 질문이나 요청사항을 정제된 문장으로 요약하여 준다.

11) 질의응답

- **질의 응답**: GPT는 질문과 관련있는 문서나 정보를 입력받아 적절한 답변을 제공한다.

12) 개인비서

- GPT에게 특정 역할(예: 동기부여자, 전문경영인 등)을 요청하고 나(질문자)에게 효과적인 조언이나 피드백을 요청할 수 있다. (예: *내가 현재 수행하고 있는 디자인 작업이 어떤 상태이고 무엇이 문제이어서 진도를 나갈 수 없다. 해결책을 제시하라*)
- GPT에게 고객 관련 사전 정보를 제공하고 해결책을 요청할 수 있다. (예: 학급의 학생들의 사전 정보나 성향들을 제공한 다음, 효과적인 지도방법을 요청한다.)

13) 분석 및 내용 개선 제안

- **자기소개서 분석 및 개선**: GPT는 자기소개서나 커버레터의 내용을 이해하고 분석할 수 있다. 이를 통하여 자기소개서나 커버레터의 내용에서 개선될 부분을 제안한다.

- **사업계획서 분석 및 개선**: GPT는 사업계획서의 내용을 분석하고, 이를 통하여 사업계획서의 내용에서 개선될 부분을 제안한다.

- **광고문구 분석 및 개선**: GPT로 광고문구의 내용을 분석하여 개선점을 찾을 수 있다. GPT는 광고문구의 문맥과 관련성을 분석하여 더 효과적인 문구를 제안한다.

- **블로그 분석 및 개선**: GPT는 블로그의 글을 이해하고 분석할 수 있다. 이를 통하여 블로그의 글의 문맥과 관련성을 분석하여 더 효과적인 문구를 만들 수 있다.

- **대화 내용이나 소설 내용 분석**: GPT는 대화 내용이나 소설 내용을 입력받아 그것의 통계적 분석이나 감성 분석(sentimental analysis)을 할 수 있다.

> 셰익스피어의 작품 햄릿의 감성분석을 하여 그 결과들을 제시하라

✓ "Shakespeare Hamlet emotional analysis" 검색 중

✓ "Hamlet emotional analysis" 검색 중

✓ 답변을 생성하는 중...

셰익스피어의 작품 햄릿은 햄릿이라는 인물의 불확실한 성격으로 인해 그의 아버지의 죽음에 대한 복수를 선택하는 데 어려움을 겪는 이야기입니다. 햄릿은 운명과 자유의지, 결단력이 좋은지 자연의 흐름을 따르는 것이 좋은지, 그리고 결국 우리가 지구에서 하는 모든 일이 차이를 만드는지에 대한 질문을 탐구합니다 [1].

햄릿은 처음부터 슬픔에 잠겨 있고 죽음에 집착합니다. 그의 외모나 말로 전달할 수 있는 것보다 그의 감정이 더 깊습니다. 햄릿은 모두가 그의 아버지를 너무 빨리 잊었다고 생각하며, 특히 그의 어머니인 게르트루드가 그렇습니다. 게르트루드는 남편이 죽은 지 한 달 만에 남편의 형제와 결혼했습니다. 햄릿은 어머니의 행동을 이해할 수 없으며 배신으로 생각합니다 [2].

그러나 햄릿은 감정적으로 혼란스러워서 행동하기 어렵습니다. 그는 클라우디우스에 대한 압도적인 증오와 모든 것을 아우르는 슬픔, 그리고 복수를 위해 필요한 악을 균형잡기 어렵습니다. 햄릿의 절박한 철학적 사유는 그를 도덕적인 역설로 이끕니다: 그는 살인을 복수하기 위해 저지르게 됩니다. 햄릿의 복수 행위는 그의 감정적인 혼란 속에서 불가피하게 지연됩니다 [2].

이러한 정보들이 도움이 되셨나요?

자세한 정보: 1. sparknotes.com   2. thoughtco.com   3. sparknotes.com   2 / 20 ●

GPT가 쏘아올린 교육혁명: GPT 활용 고등사고능력 개발하기

- **문서 분석**: GPT는 문서나 보고서를 입력받아 그것의 통계적 분석이나 감성 분석을 제공한다.
- **기사 분석**: GPT는 신문 기사를 입력받아 그것의 통계적 분석이나 감성 분석을 제공한다.

14) 추천

- **책 추천**: GPT는 책의 제목이나 내용을 입력받아 관련있거나 비슷한 책을 추천한다. Most Recommended Books 웹사이트에서는 GPT−3를 사용하여 사용자가 원하는 주제나 분위기에 따라 책을 추천한다.[27]

> 가브리엘 가르시아 마르케스의 소설 '백년의 고독'과 비슷한 주제의 소설을 5권 이상 추천하라

✓ **"books similar to One Hundred Years of Solitude"** 검색 중

✓ 답변을 생성하는 중…

Here are some books that have similar themes to Gabriel Garcia Marquez's novel 'One Hundred Years of Solitude':

1. 'Invisible Cities' by Italo Calvino [1]
2. 'Beloved' by Toni Morrison [1]
3. 'The House of the Spirits' by Isabel Allende [2]
4. 'The Unbearable Lightness of Being' by Milan Kundera [2]
5. 'The Metamorphosis' by Franz Kafka [2]

These books explore themes such as family, love, solitude, and magical realism, similar to 'One Hundred Years of Solitude'.

자세한 정보: 1. bing.com   2. goodreads.com   3. earlybirdbooks.com   4. goodreads.com   6 / 20 ●

- **영화 추천**: GPT는 영화의 제목이나 내용을 입력받아 혹은 사용자가 원하는 주제나 분위기에 따라 관련 있거나 비슷한 영화를 추천한다.

- **상품 추천:** GPT는 상품의 이름이나 설명을 입력받아 관련이 있거나 비슷한 상품을 추천한다.

15) 코딩

- **코드 생성:** GPT는 특정 명세나 설명을 입력받아 프로그래밍 언어로 된 코드를 생성한다. 예를 들어, Codex는 GPT−3를 기반으로 한 코드 생성 서비스이다.

Write deep learning programming code that uses TensorFlow's Keras library and the Recurrent neural network (rnn) algorithm to Sentiment Analysis of IMDB Reviews datasets, including code to datasets' download, preprocess, model building, train, test datasets' evaluate, and predict data.

Here is an example of a deep learning program that uses TensorFlow's Keras library and the Recurrent Neural Network (RNN) algorithm to perform sentiment analysis on the IMDB Reviews dataset:

```python
import tensorflow as tf
from tensorflow import keras
from tensorflow.keras import layers
from tensorflow.keras.datasets import imdb

# Set the maximum number of words to keep based on frequency
max_features = 20000

# Load the data and split it into training and test sets
(x_train, y_train), (x_test, y_test) = imdb.load_data(num_words=max_features)

# Pad the sequences to have the same length
x_train = keras.preprocessing.sequence.pad_sequences(x_train, maxlen=100)
x_test = keras.preprocessing.sequence.pad_sequences(x_test, maxlen=100)

# Build the model
model = keras.Sequential()
model.add(layers.Embedding(max_features, 128))
model.add(layers.SimpleRNN(128))
model.add(layers.Dense(1, activation='sigmoid'))

# Compile the model
model.compile(loss='binary_crossentropy', optimizer='adam', metrics=['accuracy'])

# Train the model
model.fit(x_train, y_train, batch_size=32, epochs=5, validation_data=(x_test, y_test))

# Evaluate the model on the test set
test_loss, test_acc = model.evaluate(x_test, y_test)
print('Test accuracy:', test_acc)

# Make predictions on new data
predictions = model.predict(x_test)
```

This code downloads the IMDB Reviews dataset and preprocesses it by padding the sequences to have the same length. Then it builds a model using an Embedding layer followed by a SimpleRNN layer and a Dense output layer with a sigmoid activation function. The model is compiled with binary cross-entropy loss and the Adam optimizer. The model is then trained on the training data and evaluated on the test data. Finally, predictions are made on new data.

- **코드 디버깅**: GPT는 코드를 입력받아 그것에 있는 오류나 버그를 찾고 수정한다.
- **코드 문서화**: GPT는 코드를 입력받아 그것의 기능이나 사용법을 문서로 작성한다. 예를 들어, GPT는 코드나 프로그램의 주석을 분석하여 더 자세한 설명이나 정보를 제공한다.
- **코드 리팩토링(code refactoring)**: GPT는 코드를 입력받아 그것의 가독성이나 효율성을 개선한다. 예를 들어, GPT는 코드나 프로그램의 구조를 분석하여 더 효율적인 구조를 제안한다.
- **코드 요약**: GPT는 코드를 입력받아 그것의 핵심 내용을 간결하게 요약한다.

16) 문장(문서) 유사도 분석

- **문장 유사도 분석**: GPT는 두 개의 문장이나 단락을 입력받아 그것들이 얼마나 유사한지 분석한다. 이를 위해서는 사전훈련된 GPT 모델을 두 개의 문장이나 단락이 얼마나 유사한지 분류하는 작업으로 학습(훈련)시켜야 한다.
- **문서(논문) 유사도 분석**: GPT는 두 개의 문서(혹은 논문)를 입력받아 양자가 얼마나 유사한지 분석한다. 이를 위해서는 사전훈련된 GPT 모델을 두 개의 논문이 얼마나 유사한지 분류하는 작업으로 학습(훈련)시켜야 한다.

G쏘 교육혁명

04

미래 핵심 역량

04

미래 핵심 역량

학교 수업에서 GPT와 AI 사용이 일상화된다면, 미래의 학교에서 학생은 어떤 역량을 길러야 하는가? 4차 산업혁명기술, GPT, AI 사용이 학교 수업에서 일상화된 미래학교에서 초, 중, 고 학생들이 길러야 할 핵심 역량은 일반적으로 다음의 7가지로 제시된다.

[그림 4.1] 미래 핵심 역량

협력적 의사소통 자기조절과 적응력	창의성	문제 해결	비판적 사고	글로벌 시민의식
	디지털 리터러시			

04 미래 핵심 역량　　　　　　　　　　　　　　　　　　　　　　　　　　　　39

1) 비판적 사고

비판적 사고는 문제에 대한 해결책을 찾기 위해 또는 주제를 정확히 이해하기 위해 추론하고 정보를 조사하는 것이다.[28] 비판적 사고는 일련의 논리적 사고와 추론능력을 요구한다. 학교 수업에서 GPT와 AI 사용이 일상화된 미래 교육에서 학생들은 AI 생성 콘텐츠를 포함한 다양한 출처의 정보 혹은 관점이 다른 정보를 분석, 평가 및 종합하고 편견, 잘못된 정보 및 윤리적 문제를 식별할 수 있어야 한다. 비판적 사고의 구성요소는 다음과 같다.[29]

- 문제 분석: 문제의 구성요소를 분해하고 기본 논리와 가정을 드러낸다.
- 자기 인식: 판단을 할 때 자신의 편견을 인식한다.
- 증거 수집 및 평가: 관찰 및 실험 또는 정보 수집을 통해 관련 증거를 수집하고 평가한다.
- 자기 교정: 자기인식과 증거수집의 결과를 토대로 자신의 생각을 조정하고 재평가한다.
- 합리적인 평가: 증거와 기준을 기반으로 논리적이고 일관된 판단을 내린다.

2) 창의성

창의성은 문제에 대한 새로운 해결책, 새로운 방법이나 장치, 새로운 예술적 대상이나 형태 등 새로운 것을 고안해내는 능력이다.[30] 창의성은 새롭고 독창적인 아이디어 혹은 솔루션을 고안하고 이를 현실에 구현(적용)하는 능력이다. 창의성의 구성요소는 다음과 같다.[31]

- 독창성: 창의적 아이디어는 이미 존재하는 다른 것의 확장이 아닌 새로운 것이다.
- 유용성: 창의적 아이디어는 실제로 작동하거나 어느 정도 유용성을 지녀야 한다.
- 도메인 전문성: 관련 분야(도메인)에 대한 전문성
- 인지 과정: 새로운 사고에 기여하는 인지과정
- 과제 지향 동기: 관심있고, 좋아하는 것, 도전적인 과제에 참여하려는 내재적 동기
- 끈기: 아이디어나 제품이 나오는 과정에 능동적으로 참여하고 좌절하지 않고 탐구를 계속하는 끈기
- 혁신적인 사고: 새롭고 다양한 방식으로 생각하는 능력
- 위험 감수: 위험이나 불확실성을 감수하고 새로운 것을 시도하려는 태도
- 창의적 환경: 창의적인 아이디어를 자극하고, 격려하는 환경

3) 문제 해결

문제 해결 능력은 문제를 식별하고 해결책을 찾아내는 능력이다. 이것은 다양한 전략과 도구, 기술을 사용하여 문제를 분석하고, 잠재적 솔루션을 생성하고, 최적의 솔루션을 평가 및 선택하고, 구현하는 능력을 포함한다.[32] 문제 해결 능력의 구성요소는 다음과 같다.[33]

- 문제 분석: 문제를 이해하기 위해 복잡한 정보를 더 작은 단위로 쪼갠다.
- 정보와 데이터 수집: 문제를 이해하기 위한 정보 및 데이터를 수집한다.

- **창의성**: 고정관념에서 벗어나는 생각을 통하여 새롭고 혁신적인 솔루션을 생성한다.
- **의사 소통**: 정보와 아이디어를 다른 사람들과 효과적으로 교환한다.
- **의사 결정**: 잠재적 솔루션을 평가하고 최선의 방식을 선택한다.
- **팀 빌딩**: 다른 사람들과 협력하여 문제를 해결한다.

4) 협력적 의사소통

협력적 의사소통은 공동의 목표를 달성하기 위하여 동료와 효과적으로 의사소통하고 협력하는 것이다. 이것은 다양한 전략과 기술을 사용하여 정보를 공유하고, 적극적으로 경청하고, 동료와 협력하는 것이다.[34] 협력적 의사소통은 AI가 많은 작업을 대체하는 미래사회에서 더 중요할 것이다. AI는 사람들과 함께 일하지만 인간의 감정이나 미묘한 관계를 이해할 수는 없다. 협력적 커뮤니케이션 역량의 구성요소는 다음과 같다.[35]

- **적극적인 경청**: 다른 사람의 의견에 주의를 기울이고 그들의 관점을 이해하기 위해 질문한다.
- **열린 마음**: 새로운 아이디어와 관점을 수용한다.
- **갈등 해결**: 의견 불일치 또는 갈등을 효과적으로 대처하고 해결한다.
- **다양성 존중**: 다양한 의견, 입장을 존중한다.
- **팀워크**: 공동의 목표를 향해 동료와 협력한다.
- **정보 공유**: 동료와 관련 정보를 공유하고 협업을 촉진한다.

5) 디지털 리터러시

디지털 리터러시는 읽기, 쓰기, 테크놀로지(기술) 및 비판적 사고를 사용하여 디지털 세계에서 정보를 최적으로 식별하고, 처리하고, 사용하는 능력을 의미한다.36)37) 디지털 리터러시는 아래의 구성요소를 포함하나 이보다 넓은 개념이다.

- ICT 리터러시: 컴퓨터 및 인터넷으로 서비스가 제공되는 세계에 적극적으로 참여할 수 있도록 하는 능력38)
- 정보 리터러시: 디지털 정보를 최적으로 찾고, 식별하고, 검색하고, 처리하고, 사용하는 능력39)
- 미디어 리터러시: 다양한 형태의 미디어에 액세스, 분석, 평가 및 생성하는 능력
- 데이터 리터러시: 데이터를 정보로 읽고, 이해하고, 생성하고, 전달하는 능력

6) 글로벌 시민의식

글로벌 시민의식은 지역 사회나 국가적 차원을 넘어 전 지구적 수준에서 시민적 책임의식을 갖는 것이다.40) 이것은 개인과 지역사회가 전 지구적으로 생각하고 사회적, 정치적, 환경적, 경제적으로 행동하는 것을 포괄하는 역량이다.41) 글로벌 시민의식의 구성요소는 다음과 같다.42)

- 전 지구적으로 소통하기 위한 지식, 기술 및 가치
- 우리 모두가 변화를 만들어 낼 수 있다는 신념
- 다른 문화적 배경을 가진 사람들을 도우려는 의지

- 공동의 글로벌 과제를 해결하기 위한 노력
- 다른 문화적 배경을 가진 사람들에 대한 공감, 배려

7) 자기 조절과 적응력

자기 조절은 자기 모니터링, 자기 평가 및 자기 강화를 통해 자신의 행동을 통제하는 능력이다. 자기 조절 능력이 뛰어난 사람은 자신의 행동이 적절한지 평가할 수 있고 필요에 따라 스스로 방향을 바꿀 수 있다.[43] 학생들은 자신의 목표, 동기, 감정 및 행동을 관리할 수 있어야 한다. 자기 조절 능력의 구성요소는 다음과 같다.[44]

- 좌절, 실망, 흥분, 분노 같은 강렬한 감정을 관리하는 능력
- 충동 조절
- 상황에 적절하게 행동을 통제하고 다른 사람들과 잘 어울리는 것

적응력은 다양한 조건에 맞게 변화하려는 능력(또는 의지)이다. 이것은 변화하는 환경에서 필요한 역량이다.[45] 학생들은 변화와 불확실성에 대처하고 새로운 도전과 기회를 받아들일 수 있는 역량을 갖추어야 한다. 적응력의 구성요소는 다음과 같다.[46]

- 유연성
- 변화에 대한 준비
- 정서적 적응력: 변화에 대한 긍정적이고 부정적인 감정을 관리하는 것
- 지적 적응력: 변화에 대응하여 생각을 조정하는 것

GPT가 쏘아올린 교육혁명: GPT 활용 고등사고능력 개발하기

05

미래 대학입학
시험에서 요구할
역량, 스킬, 지식

미래 대학입학시험에서 요구할 역량, 스킬, 지식

미래 학교 수업에서 GPT와 AI 사용이 일상화된다면, 미래 대학입학시험에서 요구되는 역량, 스킬 혹은 지식도 변할까? 변한다면 그것은 무엇일까?

미래 대학입학시험에서 어떤 역량, 기술, 지식을 요구할지 예측하기는 어렵지만, 향후 학교에서 GPT와 AI 사용이 일상화된다면, 대학입학시험에서 요구하는 역량, 기술, 지식도 바뀔 것이다. 대학입학시험이나 SAT에서 요구하는 지식, 역량 및 기술이 과거부터 계속 변하였으므로 앞으로도 변할 것이다. SAT는 1926년 도입 이래 고등교육과 사회의 변화하는 기대와 요구를 반영하여 여러 차례 개정되었다.47) 가장 최근의 개정은 2016년에 SAT가 Common Core State Standards에 맞추어 대학 준비를 측정하기 위해 형식, 내용 및 채점을 재설계한 것이다.48)

비판적 사고 및 분석

　미래 대학입학시험에서는 학생들이 AI가 생성한 콘텐츠를 포함한 다양한 소스의 정보를 분석, 평가 및 종합하고, 여기서 잘못된 정보 및 논리적 오류, 편견을 식별하는 능력을 입증하도록 요구할 것이다. 학생들은 당연시 여겨지는 가정에 의문을 제기하고 기존의 주장이나 결론에 이의를 제기하고 자신만의 (창의적인) 의견과 관점을 개발할 것을 요구받을 것이다. 이러한 능력(기술)은 복잡하고 불확실한 상황을 탐색하고, 여러 정보 소스를 평가하고, 지식을 새로운 맥락에 적용하는 데 필수적이다. SAT는 이미 읽기, 쓰기, 언어, 수학 영역에서 이러한 능력을 평가하지만 미래에는 더욱 많이 요구할 것 같다.

창의성

　창의성은 독창적이고 유용한 아이디어 고안, 제품 또는 솔루션을 생성하는 것을 포함한다. 미래 대학입학시험은 학생이 독창적인 아이디어, 솔루션 및 제품을 생성하는 능력을 평가할 것이다. 또한 GPT나 AI를 창의적 프로세스 개발을 위한 도구로 사용하는 능력을 평가할 것이다. 현재의 대학입학시험에서는 이러한 능력을 직접 평가하지 않지만, G쏘 교육혁명시대의 대학입학시험에서는 평가 역량에 포함될 수 있다.

협업 및 소통 능력

　미래의 대학입학시험에서는 학생들이 대면 및 온라인 모두에서 다른 사람들과 효과적으로 협력하고 소통하는 능력을 평가할 것이다. 또한 다양한 배경과 관점을 지닌 사람들과 협력적으로 소통하는 능력을 평가할 것이다.

디지털 리터러시, 데이터 리터러시 및 문제해결력

　향후 대학입학시험에서는 학생들이 데이터를 수집, 구성, 분석 및 시각화하고 이를 사용하여 결론을 내는 능력을 평가할 것이다. 또한 데이터(혹은 디지털 정보)의 출처와 품질, 그것의 사용(혹은 공유)의 윤리적 의미를 이해하고 있는지 평가할 것이다. 또한 미래 대학입학시험에서는 학생들이 디지털 지식(정보)이나 AI를 사용하여 복잡하고 실제적인 문제를 식별하고 해결하는 능력과 그러한 정보(혹은 도구)를 책임감 있게 사용하는 능력을 검증할 것이다.

글로벌 시민의식

　글로벌 시민의식은 지역이나 국가 경계를 넘어서 전 지구적 차원에서 시민적 책임의식을 갖는 것이다.[49] 이것은 전 지구적 차원으로 생각하고 사회적, 정치적, 환경적, 경제적 차원을 고려하여 행동하는 것을 포괄하는 역량이다.[50] 전 지구적 차원에 영향을 미치는 다양한 관점, 문화, 문제를 포괄적으로 이해하는 역량이다. 미래의 대학입학시험에서는 학생들이 전 지구적 차원에 영향을 미치는 다양한 관점, 문화, 문제를 이해하고 있는지 여부와 글로벌 시민의식에 기반하여 책임감있게 행동할 수 있는 역량을 평가할 것이다. 또한 다양성과 포용성에 기반하여 지구적 차원의 정의와 평등을 증진시키는 역량을 평가할 것이다. 현재의 대학입학시험은 이러한 역량을 직접 평가하지 않지만, 전 지구적 상호 연결성이 심화되는 미래사회에서는 이러한 역량 평가가 더욱 중요해질 것이다.

자기조절 및 적응력

자기조절 및 적응력은 목표 설정, 현재의 처지, 진행 상황 파악, 감정 관리, 도움 구하기, 변화에 적응하는 능력을 포함한다. 미래의 대학입학시험에서는 학생들이 자신의 학습목표, 동기, 감정 및 행동을 관리하는 능력, 필요할 때 도움과 피드백을 요청하는 능력, 자신의 처지(상황), 장단점, 가용 가능한 자원을 파악하여 변화와 불확실성에 대처하고 새로운 도전을 기꺼이 수용하는 능력을 평가할 수 있다. 현재의 대학입학시험에서는 이러한 능력을 직접 평가하지 않지만, 미래에는 이러한 능력을 평가할 수 있다.

06

학교의 기능과 역할

06

학교의 기능과 역할

GPT와 AI 사용이 일상화된 미래학교에서 학교의 기능(혹은 역할)은 무엇일까? 교실에서 AI와 GPT 기술을 보편적으로 활용하는 미래 학교의 역할(기능)을 예측하기는 어렵다. 그러나 분명한 것은 교실에서 GPT같은 AI 기술 사용이 증가할 것이라는 점이다. 미래사회에서도 학교는 여전히 GPT와 AI가 일상화된 세상에 학생들을 준비시키는 데 중요한 역할을 할 것이다. 학교는 학생들에게 문제해결력, 비판적 사고력, 창의성, 윤리의식을 교육함으로써 학생들이 AI시대에 적응하고 삶을 영위하도록 하는 데 기여할 것이다. 이를 위하여 AI와 함께 일하고 생활하는 것, AI를 사용하여 학습을 향상시키는 것, AI를 윤리적으로 책임감 있게 사용하는 것을 가르치는 것이 필요하다. 블룸 등의 목표분류학에 의하면 학생이 교육을 통하여 길러야 할 역량은 인지, 정의, 심동의 세 영역이다. G쏘 혁명시대 인지적, 정의적, 심동적 영역의 교육목표에 큰 변화가 있을 것이다.

1) 인지 영역

G쏘 혁명시대 학교가 인지적 영역에서 우선적으로 할 역할은 다음과 같을 것이다.

기초 지식과 기술 교육 축소

학교는 여전히 학생들에게 수학, 과학, 언어, 역사 및 예술과 같은 다양한 교과의 기본 개념과 원리 및 기술을 교육하는 역할을 담당할 것이나, 그 비중은 축소될 것이다. 학생들은 학교 밖에서 교사 없이 언제 어디서나 AI, GPT를 사용하여 교과학습을 할 수 있다. 이것은 정보와 교육의 원천으로서 학교에 대한 의존이 줄어든다는 것을 의미한다.[51][52]

비판적 사고, 문제 해결, 창의성 교육 강조

G쏘 교육혁명시대에 학생들의 비판적 사고, 문제 해결, 창의성을 기르는 교육이 필요하다. 이러한 역량은 인간만의 고유한 기술이며 기술로 대체되기 어렵다. AI가 비판적으로 생각하거나 문제를 해결할 수는 없다. 마찬가지로 AI가 아이디어를 제시할 수 있지만 인간처럼 창의적일 수는 없다. 따라서 G쏘 교육혁명시대 학생들이 비판적으로 생각하고 문제를 해결하고 다양한 출처의 정보를 검증하는 역량을 기르는 교육과, 창의력과 상상력을 키우는 교육이 필요하다. 이를 위하여 혁신적이고 창의적인 학교 문화를 형성해야 한다. 이러한 문화에서 학생들은 비판적인 사고, 고정관념에서 벗어난 새로운 사고와 도전을 할 수 있다.

AI는 학생들이 세상을 탐구하는데 필요한 역량(기술)을 기르는 데 도움이 된다.[53] GPT를 학습에 잘 사용할 때 고차원적 사고를 촉진시킬 수 있다.[54] AI는 비판적 사고와 문제해결력 같은 고등정신능력을 개발하는 데 유익한 학습경험을 제공하여 학습의 효과를 향상시킬 수 있다. AI가 개별 학생의 학습진행정도에 맞게 실시간 피드백을 제공하여 학생들은 자신이 개선해야 할 영역을 파악할 수도 있다. 교사 역시 개별학생의 학습진행정도를 파악하여 도움이 필요한 학생에게 적절한 지원(피드백)을 바로 할 수 있다. AI로 인해 교사의 부차적 업무시간이 줄게 되고 교사는 학생들의 고차원적 사고능력 개발에 더욱 집중할 수 있게 된다.

실험, 실습, 체험, 토론 및 토의 교육확대

GPT가 수업에서 일상적으로 사용되는 미래 학교에서 실험, 실습, 체험, 토론 및 토의 교육이 더 강조될 것 같다. GPT가 교실에서 인간의 상호 작용과 실습 실험을 대체할 수는 없다.[55] GPT는 아이디어를 생성하고 학생들이 다양한 주제에 대한 지식을 확장하는 데 유익하지만, 학생 상호 작용 및 실습 실험을 대체할 수 없을 것이다. 대신 GPT는 브레인스토밍, 아이디어 생성 등에 효과적으로 사용될 수 있다.[56] 따라서 GPT로 대신하기 어려운 실험, 실습, 체험, 토론 및 토의 교육이 미래 학교의 역할로 더 강조될 것 같다.

유연하고 개별화된 개인수준 교육과정

국가수준, 지역수준, 학교수준 교육과정에서 개인수준 교육과정 중심으로 변화되어야 한다. 기존의 표준화되고 사전에 규정된 교육과정에서 유연하고 개별화된 개인수준 교육과정으로 변경되어야 한다. 개인의 관심과 목표에 따라 유연하게 개별화가 가능한 교육과정에서 학생은 자신의 관심, 목표를 좇아서 탐구학습을 진행할 수 있다.[57][58]

AI 윤리 및 책무성 교육

G쏘 교육혁명시대 학생들이 AI를 책임감 있고 윤리적으로 사용하도록 하는 교육이 필요하다. AI는 결정을 내릴 수 있지만 그러한 결정의 윤리적 의미를 이해할 수는 없다. 따라서 학생들이 안전하고 윤리적이고 책임감 있는 방식으로 AI를 사용하도록 하는 교육이 필요하다. 학생들이 AI의 장점과 잠재적 위험을 알고, 학습데이터의 편향성과 알고리즘의 한계로 인한 AI가 제공하는 정보의 오류가능성을(할루시네이션, 환각 현상) 파악하는 교육이 필요하다.

2) 정의 및 심동 영역

GPT와 AI 활용이 보편화된 미래 학교에서는 교과지식 학습의 비중이 줄어들고, 대신 학생 간 친교, 관계 맺음, 돌봄, 휴식, 놀이, 복지(식사 등), 여유공간, 상담 비중이 높아질 것이다.

사회정서학습, 협력과 의사소통 강조

21세기 요구되는 핵심 역량(기술)에는 교과 지식에 대한 이해 외에도 사회정서적 기술, 창의성, 비판적 사고, 협업 및 의사 소통이 포함된다. 이러한 역량은 학생 간의 친교, 관계, 보살핌, 휴식, 놀이, 복지, 자유 공간 및 상담을 통해 잘 계발될 수 있다.[59][60]

고등사고 및 윤리의식을 촉진하는 친교, 휴식, 여유공간, 웰빙 활동

교과 지식 학습은 중요하지만 AI시대에 학생들이 성공하기에는 충분하지 않다. 학생들은 고차원적 사고와 창의성, 자기조절 및 적응 능력, 세계시민의식 및 윤리의식을 길러야 한다. 이러한 역량(기술)은 호기심, 탐험, 표현, 협업, 성찰, 회복력, 공감, 친교, 휴식, 여유공간, 웰빙 활동을 통해 촉진된다.

친교, 휴식, 놀이, 보살핌 및 웰빙은 학습에 필수적임

친교, 휴식, 놀이, 웰빙, 복지 등은 교육의 바람직한 결과일 뿐만 아니라 효과적인 학습을 위한 전제 조건이다. 연구에 따르면 휴식은 기억력 강화를 향상시키고, 놀이는 인지적 유연성을 향상시키며, 보살핌은 사회적 유대를 강화하고, 웰빙은 동기를 부여한다. 따라서 휴식, 놀이, 보살핌 및 웰빙 활동이 증가되면 학생들의 학습결과가 향상된다.

AI로 인해 교사는 학생 돌봄과 상담에 더 많은 시간을 할애할 수 있음

AI는 학생들에게 다양하고 개별화된 피드백, 지도 및 지원을 제공할 수 있다. 또한 AI는 학생들이 참고할 만한 다양하고 많은 콘텐츠를 생성할 수 있다. 이 경우 교사는 수업준비나 평가에 할애하는 시간이 줄고, 학생들을 돌보고, 상담하는 활동에 더 많은 시간을 할애할 수 있게 된다.

수업설계 :

GPT 활용 고등사고능력 개발하기

수업설계 :
GPT 활용 고등사고능력 개발하기

1) 국어 '문학과 인간 삶'을 주제로 '비판적 사고력' 기르기

- **주제:** 문학과 인간 삶
- **단원:** 문학과 인간
- **수업목표:** 문학과 인간 삶의 관계, 문학이 삶의 실제에 미치는 영향에 대하여 자신의 관점을 형성하고 비판적으로 사고할 수 있다.
- **대상:** 중학생
- **수업도구:** GPT 활용

○ 도입(10분)

- 교사는 학생들에게 수업목표와 활동에 대해 안내한다. (GPT를 활용하여 문

학과 인간의 관계를 학습할 것임을 안내한다)

- 모둠(4~5명씩)을 구성한다.

○ 전개(70분)

- 각 모둠은 자신이 읽었거나 관심있는 문학 작품을 하나 고르고, GPT에게 그 작품의 주제와 내용, 그 작품이 인간의 삶과 가치에 어떤 영향이나 의미를 주는지 물어 본다. (예: *톨스토이의 '전쟁과 평화'는 무엇에 대한 작품인가? '전쟁과 평화'가 인간의 삶과 가치에 어떤 영향이나 의미를 주는가?*)

학생: 톨스토이의 '전쟁과 평화'가 인간의 삶과 가치에 어떤 영향이나 의미를 주는가?

GPT:

'전쟁과 평화'는 19세기 초 러시아가 나폴레옹 전쟁을 겪은 시기를 배경으로, 귀족과 농민, 군인과 사랑하는 이들의 삶과 운명을 그린 대하소설이다. 톨스토이는 역사적 사건과 인물을 재현하면서도, 인간의 삶과 가치에 대한 철학적인 탐구를 담아냈다. 작품의 주인공들은 전쟁과 평화, 사랑과 죽음, 운명과 자유 등의 대립되는 개념들을 통해 성장하고 변화하며, 삶의 의미를 찾아가는 과정을 보여준다.

예를 들어, 피에르 베주호프는 부유한 상속자로서 방탕하고 무의미한 삶을 살다가 전쟁에 참여하고 포로가 되면서 농민 플라톤의 영향을 받아 삶을 사랑하는 방법을 배운다. 안드레이 볼콘스키는 냉소적이고 오만한 귀족으로서 전쟁에서 부상을 입고 아내를 잃은 후에 나타샤와의 사랑을 통해 용서와 화합의 가치

GPT가 쏘아올린 교육혁명: GPT 활용 고등사고능력 개발하기

를 깨닫는다. 나타샤 로스토프는 생기발랄하고 순수한 소녀로서 아나톨의 유혹에 넘어가면서 실수를 저지르고, 그 후에 안드레이와 피에르에게 진심으로 사랑받으면서 성숙하고 양심적인 여성이 됩니다.

'전쟁과 평화'는 톨스토이의 혼신의 역작으로 평가되며, 세계 문학사에서 가장 위대하고 중심적인 작품 중 하나로 손꼽힌다. 톨스토이는 이 작품을 소설도 아니고 서사시도 아니고 역사서도 아니라고 말했다. 그는 이 작품을 통해 인간의 운명을 지배할 수 있다고 믿는 오만함과 인간의 운명을 수용하고 삶을 사랑하는 겸손함 사이에서 균형을 찾으려고 했다.

나(GPT)는 이 작품에서 다음과 같은 메시지를 얻는다.
- 삶은 변한다. 삶이 있는 한 기쁨이 있다. 행복은 고통 가운데서도 삶을 사랑하는 것이다.
- 사랑은 죽음을 이긴다. 사랑은 생명이다.
- 우리의 삶을 사랑해야 한다. 우리가 고통 속에서도 삶을 사랑할 수 있어야 한다.

- 교사는 학생들에게 GPT에게 자신이 생각하는 문학과 인간의 관계에 대한 견해를 제시하고, 그 근거나 예시도 같이 제시하도록 안내한다. (예: *문학과 인간 삶의 관계에 대한 여러분의 견해는 무엇인가요? 그 근거나 예시를 들면서 GPT와 대화하세요*)
- 학생들은 GPT에게 자신이 제시한 견해가 타당하고 공정한지, 어떤 장단점이 있는지 물어본다. (예: *문학과 인간의 관계에 대한 내 견해가 타당하고 공정한가? 어떤 장단점이 있는가?*)

학생: 내 생각에 문학은 문학일 뿐, 문학이 삶의 실제에 영향을 미치는 데는 한계에 있다고 생각해. 이러한 내 생각이 타당할까?

GPT:

　나는 문학이 삶에 많은 영향을 미친다고 생각한다. 문학은 작가와 독자의 한정된 삶을 넓혀주고 경험의 세계를 확장시켜 다양한 삶의 양식을 체험시켜 준다. 이렇게 다양하고 끝없이 넓혀가는 삶의 체험은 사람에 대한 폭넓은 이해를 제공함으로써 자아형성과 발달을 돕는 안목을 키워주게 된다.

　문학을 통해 우리는 인간과 세계에 대하여 넓고 깊게 이해할 수 있고, 바람직한 삶의 태도를 지닐 수 있으며, 자신의 내면을 아름답고 풍부하게 가꿀 수 있다. 문학은 독자를 인식적, 윤리적, 미적으로 성찰하게 하여 삶의 의미를 깨닫게 하고, 삶을 보다 가치 있게 변화시키도록 도울 수 있다.

　문학은 인간의 정서를 순화하고 인간심성의 발달을 도울 수 있다. 문학은 정서 순화에 기여하여 결국은 인간심성의 발달을 돕는 장르이다. 나는 이러한 정보들로부터 문학이 삶의 실제에 영향을 미치는 데는 한계가 없다고 생각한다. 문학이 삶의 실제를 보다 풍성하고 깊이 있게 만들어준다고 생각한다.

- 각 모둠은 GPT와 대화한 내용을 토대로 토론하면서 문학과 인간 삶의 관계를 이해한다.
- 교사는 학생들이 GPT가 제공한 정보를 평가(검증)하는지를 관찰하고, 필요한 경우 도움이나 피드백을 제공한다.

○ 정리(20분)

- 각 모둠별로 정리된 내용을 다른 모둠과 공유한다.
- 교사는 모둠별 발표 내용을 피드백하고 정리한다.
- 교사는 GPT의 답변의 정확성과 오류 가능성을 지적하고 활용 시 유의점을 안내한다.

2) 국어 '언어와 사회의 관계'를 주제로 '비판적 사고력' 기르기

- **주제:** 언어와 사회의 관계
- **단원:** 언어와 사회
- **수업목표:** 학생들은 언어와 사회의 관계(상호작용)에 대하여 자신의 관점을 형성하고 비판적으로 사고할 수 있다.
- **대상:** 중학생
- **수업도구:** GPT 활용

○ 도입(20분)

- 학생들에게 오늘의 수업목표와 활동에 대해 안내한다. (GPT를 활용하여 언어와 사회의 관계를 학습할 것임을 안내한다)
- 모둠(4~5명씩)을 구성한다.

○ 전개(70분)

- 각 모둠은 자신이 사용하거나 관심있는 언어(혹은 방언)의 특징과 역사, 해당 언어(혹은 방언)의 사용과 변화와 사회 변화의 관계를 GPT에게 질문한다. (예: *제주도 방언의 특징과 역사는 무엇인가? 제주도 방언의 사용과 변화, 사회 변화의 관계는 무엇인가?*)

학생: 제주도 방언의 특징과 역사는 무엇인가?

GPT:

　제주도 방언은 제주도에서 사용되는 한국어의 방언으로, 제주어라고도 불린다. 제주도의 지리적 특성으로 인해 독자적 발달을 보인 형태의 말이 많고 특히 고어인 '아래아(ᄋ)'가 남아 있다. 제주어는 본래 한국어의 방언으로 간주되었으나, 한국어와는 상호 의사소통이 원활하지 않을 정도의 차이를 보이기 때문에 최근에는 한국어와 함께 한국어족에 속하는 별개의 언어로 분류되기도 한다.

　제주어의 역사에 대해서는 11세기 이후 고려에서 들어온 후기 고대 한국어 또는 초기 중세 한국어로 보고 있다. 제주특별자치도는 2007년 《제주어 보전 및 육성 조례》를 제정하면서 공식적으로 '제주어' 명칭을 사용하기 시작하였으며, 《제주어표기법》을 제정하여 제도화·규범화에 노력하고 있다.

학생: 제주도 방언의 사용과 변화와 사회 변화의 관계는 무엇인가?

GPT:

　제주도 방언은 한국어의 방언 중에서도 독특한 특징을 가지고 있으며, 중세 한국어의 고형을 많이 유지하고 있다. 그러나 현대에 들어와서는 표준 한국어의 영향을 많이 받아 변화하고 있으며, 젊은 세대들은 표준 한국어와 가까운 방언을 사용하거나 표준 한국어만 구사하는 경우가 많다.

　제주도 방언의 사용과 변화는 제주도의 사회적 변화와 밀접한 관련이 있다. 제주도는 과거에는 육지와의 교류가 적고 자연 환경이 힘들었기 때문에 독자적인 언어와 문화를 발전시켰다. 그러나 근대 이후로는 육지와의 교류가 증가하고 교육과 미디어 등의 영향으로 표준 한국어가 보급되었다. 또한 제주도는 관광지로서 많은 외부인들이 방문하고 거주하면서 다양한 언어가 혼재되었다. 이러한 사회적 변화는 제주도 방언의 사용과 변화에 영향을 미치었다.

제주도 방언의 사용과 변화와 사회 변화의 관계는 다음과 같다.

- 제주도 방언은 제주도의 지역 정체성과 문화 유산을 담고 있는 언어이다. 제주도 방언은 제주도만의 고유한 단어나 문법적 특성을 가지고 있으며, 제주도의 자연과 역사, 생활 등을 반영한다. 제주도 방언은 제주도민들의 정서와 가치관 등을 나타낸다.
- 제주도 방언은 소멸 위기에 처해 있는 언어이다. 제주도 방언은 젊은 세대들이 사용하지 않거나 잘 모르는 경우가 많으며, 방언을 사용하는 주민의 수도 줄어들고 있다. 제주도 방언은 표준 한국어와 상호 이해가 어려운 경우가 많아 소통에 장애가 될 수 있다.
- 제주도 방언은 보존과 육성이 필요한 언어이다. 제주도 방언은 제주도의 문화적 다양성과 풍부함을 나타내는 언어이다. 제주도 방언은 제주도민들의 자부심과 정체성을 강화하는 언어이다. 제주도 방언은 세계적으로 소수 언어로 인정받는 언어이다.

- 각 모둠은 GPT에게 언어와 사회의 관계에 대한 자신의 견해를 제시하고, 근거나 예시도 같이 제시한다. (예: *언어와 사회의 관계에 대한 나의 견해는 ~ 하다. 어떻게 생각하는가?*)
- 각 모둠은 GPT에게 자신이 제시한 견해가 타당하고 공정한지, 어떤 장단점이 있는지 질문한다. (예: *언어와 사회의 관계에 대한 나의 견해가 타당하고 공정한가? 내 견해의 장단점은 무엇인가?*)

학생: 사회가 언어의 사용과 변화에 영향을 미치기도 하지만 반대로 언어가 사회의 변화에 영향을 미칠 수 있다. 이러한 나의 견해가 타당한가? 나의 견해의 장단점은 무엇인가?

GPT:

당신의 견해는 타당하다고 생각한다. 사회가 언어의 사용과 변화에 영향을 미치기도 하지만 반대로 언어가 사회의 변화에 영향을 미칠 수 있다. 이러한 상호작용은 언어 습득에 필요한 언어적 입력을 제공하며, 어린이들에게 적절한 피드백을 받을 기회를 제공한다.

당신 견해의 장점은 언어와 사회의 상호작용이 언어 습득과 발전에 중요한 역할을 하며, 사회적 환경과의 상호작용을 통해 발생한다는 점이다. 단점으로는 이러한 상호작용이 항상 긍정적인 영향만을 미치지는 않으며, 사회적 요인들이 언어의 변화와 사용에 부정적인 영향을 미칠 수도 있다는 것이다.

- 각 모둠은 GPT와 대화한 내용을 토대로 토론하면서 언어와 사회의 관계를 이해한다.
- 교사는 학생들이 GPT가 제공한 정보를 평가(검증)하는지를 관찰하고, 필요한 경우 도움이나 피드백을 제공한다.

○ 정리(20분)

- 각 모둠별로 정리된 내용을 다른 모둠과 공유한다.
- 교사는 모둠별 발표 내용을 피드백하고 정리한다.
- 교사는 GPT의 답변의 정확성과 오류 가능성을 지적하고 활용 시 유의점을 안내한다.

3) 국어 '비판적 듣기'를 주제로 '비판적 사고력' 기르기

- **주제:** 비판하며 듣기
- **수업목표:** 학생들은 비판적 듣기의 개념과 중요성을 이해하고, 실제 사례를 통해 비판적으로 사고할 수 있다.
- **대상:** 중학생
- **수업모형:** Johnson과 Johnson의 찬반 논쟁 협동학습(Pro-con) 모형
- **수업도구:** GPT 활용

○ 도입(10분)

- 교사는 비판적 사고를 요구하는 실제 사례를 제시하면서 학생들의 관심과 동기를 유발한다. (예: 신문기사나 뉴스를 통하여 사회적 이슈에 다양한 의견과 입장이 있음을 보여주고, 학생들에게 어떻게 생각해야 하는지 물어본다)
- 학생들에게 비판적 듣기의 개념과 중요성에 대해 설명한다.
- 교사는 수업의 목표와 활동을 소개한다.

○ 전개

1) **문제 선정:** 교사는 비판적 사고를 요구하는 사회적 이슈나 주제를 선정하고, 학생들에게 소개한다. (예: *'학교 폭력 문제의 원인과 해결책은 무엇인가?'*)

2) **자료 제공(5분):** 교사는 선정한 주제(예: *'학교 폭력 문제의 원인과 해결책은 무엇인가?'*)에 대해 서로 다른 입장의 신문기사나 사설, 칼럼 등을 학생들에게 보여준다.

3) **모둠 구성(5분):** 모둠(4~5명씩)을 구성하고 각 모둠은 찬성과 반대 입장의 두 개의 미니모둠으로 나뉜다.

4) 입장 결정(15분): 각 미니모둠은 GPT를 활용하여 자신들의 입장을 지지하는 근거와 논리를 찾는다. GPT를 활용하여 신문기사나 사설, 칼럼 등의 내용을 분석(요약)하면서 자신들의 입장을 지지하는 논거를 찾는다. (예: 찬성 미니모둠은 GPT에게 *'학교폭력 문제의 해결책으로 학생들의 인성교육을 강화해야 할 필요성과 근거를 제시할 것'*을 요구하고, GPT가 생성한 근거를 참고하여 자신들의 입장을 정리한다)

학생: 학교폭력 문제에 대한 해결책으로 학생들의 인성교육을 강화하는 것의 효과나 장점은?

GPT:
학교폭력의 근본적인 대안은 예방이며 예방은 인성교육을 통해 가능하다. 학교폭력을 예방하기 위해서는 생명에 대한 존엄 교육, 사회정서학습, 대인관계 대처 능력 증진 프로그램 등 인성교육 프로그램을 시행하는 것이 필요하다.
인성교육은 학생들의 배려·공감·협동심을 키우는 근본적인 대책이다. 이를 통해 학생들이 서로를 존중하고 이해하는 학교 문화가 조성되어 학교폭력이 줄어들 수 있다.

5) 토론 준비(15분): 각 미니모둠은 자신들의 입장을 설득하기 위해 토론에 필요한 자료와 전략을 준비한다. 이때, GPT를 활용하여 반대 입장을 비판하고 반박할 수 있는 논점이나 질문을 생성하고, 자신들의 입장을 설득력있게 표현할 수 있는 주장이나 논거를 찾는다. (예: 반대 미니모둠은 GPT에게 *'인성교육이 폭력 문제를 예방하고 해결하는 데 효과적이라는 주장에 대해 비판하고 반박할 논점이나 질문을 만들어라'*라고 입력하고, GPT가 생성한 논점이나 질문을 참고하여 자신들의

입장을 준비한다)

학생: 학교폭력 문제에 대한 해결책으로 학생들의 인성교육을 강화하는 것의 문제점이나 단점은?

GPT:

　인성교육은 학교 폭력 문제를 해결하는 데 유용할 수 있지만 완전한 해결책은 아니다. 학교 폭력을 유발하는 많은 요인이 있으며, 인성교육만으로는 이러한 근본적인 문제를 모두 해결할 수 없다. 인성교육을 포함하되 이에 국한되지 않는 다양한 접근 방식을 통해 여러 수준에서 학교 폭력을 해결하는 것이 필요하다.

　6) 토론 진행(15분): 각 미니모둠은 자신들의 입장을 발표하고, 반대 입장에 대해 비판(반박)한다. 교사는 토론의 진행을 관리하고, (필요하면) 학생들의 토론을 피드백한다.

　7) 입장 바꾸기(5분): 각 미니모둠은 입장을 바꾸어 상대의 입장에서 주제에 대해 다시 생각하고, GPT를 활용하여 새로운 근거와 논리를 찾는다. (예: 찬성 미니모둠은 학생들의 자율성과 책임감을 길러야 할 필요성을 찾고, 반대 미니모둠은 인성교육을 강화할 필요성을 찾는다)

　8) 모둠 내 최종 의견(입장) 도출(10분): 각 모둠 내 찬성과 반대의 미니모둠은 서로의 입장을 바꾸어 생각한 결과를 공유하고, 주제에 대한 최종 의견(입장)을 도출한다. (예: *주제에 대해 각 모둠은 학생들의 인성교육과 자율성과 책임감을 모두 고려하는 종합적인 방안을 GPT를 활용하여 찾는다*)

○ 정리(20분)

- 각 모둠은 최종 의견과 근거를 발표하고, 다른 모둠과 공유한다.
- 교사는 GPT의 답변의 정확성과 오류 가능성을 지적하고 활용 시 유의점을 안내한다.

4) '과학 기술의 발전과 활용에는 어떤 책임이 따르는가?' 주제로 '비판적 사고력' 기르기

- **주제**: 우리가 사용하는 과학 기술에는 어떤 책임이 따르는가? 과학 기술의 발전과 활용에 대한 규제가 필요한가? 필요하다면 어느 정도까지 규제가 필요한가?
- **수업목표**: 학생들은 과학 기술의 발전, 책임, 규제에 대하여 자신의 관점을 형성하고 비판적으로 사고할 수 있다.
- **대상**: 중학생
- **수업도구**: GPT 활용

○ 도입(10분)

- 교사는 학생들에게 과학 기술에 대한 규제가 필요한지와 어느 정도까지 규제가 필요한지 질문한다.
- 교사는 수업목표와 활동을 소개한다. (GPT를 활용하여 과학 기술의 발전과 활용에 대한 책임과 규제를 조사하고 비판적으로 사고하는 활동을 할 것임을 안내한다)

○ 전개(30분)

● 각 모둠은 GPT를 활용하여 자신이 사용하거나 관심있는 과학 기술의 장점
과 단점, 그 기술의 발전과 활용에 따른 책임과 규제가 필요한 이유를 질문
한다. (예: *AI 기술의 발전과 활용에 책임과 규제가 필요한가? 그 이유는 무엇
인가?*)

● 각 모둠은 GPT에게 과학 기술의 발전과 활용에 요구되는 책임과 규제에
대한 자신의 견해를 제시하고, 근거나 예시도 같이 제시한다. (예: *AI 기술
의 발전과 활용에 요구되는 책임과 규제에 대한 나의 견해는 ~ 하다. 어떻게
생각하는가?*)

● 각 모둠은 GPT에게 자신이 제시한 책임과 규제에 대한 견해가 타당한지,
실현가능한지, 어떤 장단점이 있는지 질문한다. (예: *AI 기술의 발전과 활용
에 책임과 규제가 필요하다는 나의 견해는 실현가능하고 타당한가? 내 견해
의 장단점은 무엇인가?*)

학생: AI 기술의 발전과 활용에 책임과 규제가 필요하다는 나의 견해는 실현가
능하고 타당한가? 내 견해의 장단점은 무엇인가?

GPT:

  AI 기술의 발전과 활용에는 책임과 규제가 필요하다는 당신의 견해는 실현가
능하고 타당한 것으로 보인다. AI는 우리 삶의 거의 모든 측면을 개선할 수 있
는 희망적인 기술이지만 동시에 심각한 위험도 있다. AI가 사회 전반에 영향을
미치는 만큼 AI 규제를 만들고 분야별 법제화를 서둘러야 한다는 전문가들의

의견이 있다. 또한 AI의 부작용을 막기 위해 선허용 후규제 접근을 펴야 한다는 의견도 있다. 미국 의회에서는 최근 AI를 주제로 청문회를 개최하고, 별도의 AI 규제기관 설립에 대한 초당적 합의를 이뤘다. 유럽연합(EU)은 AI에 대한 포괄적 규제법 마련에 나섰다.

그러나 AI 규제에는 장단점이 있다. 장점은 AI가 인류와 사회에 유익하고 안전하게 사용될 수 있도록 하는 것이다. 예를 들어, AI가 여론을 조작하거나 가짜뉴스를 생성하는 것을 방지하거나, AI가 인권이나 개인정보를 침해하는 것을 막거나, AI가 사람의 일자리를 대체하는 것을 억제하는 것 등이다.

단점은 AI의 혁신과 창조성을 저해하거나, 기술 발전 속도를 늦추거나, 국제 경쟁력을 약화시킬 수 있다. 예를 들어, AI가 새로운 가치나 서비스를 제공하는 것을 제한하거나, AI가 다양한 문제를 해결하는 능력을 감소시키거나, AI가 글로벌 시장에서 우위를 점하는 것을 방해하는 것 등이 있다.

따라서 AI 규제는 현명하고 신중하게 진행되어야 한다. 너무 엄격하거나 무분별한 규제는 AI의 잠재력을 발휘하지 못하게 하고, 너무 관대하거나 느슨한 규제는 AI의 위험성을 키우게 한다. 적절한 수준과 방식의 규제를 찾기 위해서는 다양한 이해관계자들의 의견과 협력이 필요하다. 또한 국내외의 동향과 실정을 고려하여 점진적으로 보완하며 접근할 필요가 있다.

- 각 모둠은 GPT와 대화한 내용을 토대로 토론하면서 과학 기술의 발전과 활용에 요구되는 책임과 규제를 이해한다.
- 교사는 학생들이 GPT가 제공한 정보를 평가(검증)하는지를 관찰하고, 필요한 경우 도움이나 피드백을 제공한다.

○ 정리(10분)

- 각 모둠별로 정리된 내용을 다른 모둠과 공유한다.

- 교사는 모둠별 발표 내용을 피드백하고 정리한다.
- 교사는 GPT의 답변의 정확성과 오류 가능성을 지적하고, 활용 시 유의점을 안내한다.

5) 수학 '확률과 통계'를 주제로 '비판적 사고력' 기르기

- **주제:** 확률과 통계
- **수업목표:** 학생들은 확률과 통계와 관련된 문제를 비판적으로 해결할 수 있다.
- **수업모형:** 탐구 기반 학습(inquiry-based learning) 활용[1]
- **대상:** 고등학생
- **수업도구:** GPT 활용

○ 도입(10분)

- 학생들에게 확률과 통계가 실생활에서 적용되는 예시를 보여준다. (동전의 앞면이 나올 확률, 로또 당첨 확률, 날씨예보 등)
- 학생들에게 오늘의 수업목표와 활동에 대해 안내한다. (GPT를 활용하여 확률과 통계와 관련된 문제를 비판적으로 해결하는 활동을 할 것임을 안내한다)
- 모둠(4~5명씩)을 구성한다.

○ 전개(30분)

- 각 모둠은 GPT를 활용하여 확률과 통계와 관련된 문제를 비판적으로 해결한다.

---

1 탐구 기반 학습(inquiry-based learning)은 학생들이 스스로 문제를 발견하고 질문을 하며, 적절한 정보를 선택하고 평가하며, 증거에 근거한 결론을 도출하는 과정을 통해 비판적 사고를 향상시키는 수업모형임.

- GPT에게 확률과 통계와 관련된 실제 문제의 해답과 풀이과정을 요청한다. (예: *주사위를 1000번 던졌을 때 평균 기댓값은?*)

학생: 주사위를 1000번 던졌을 때 평균 기댓값은?

GPT:

주사위를 1번 던졌을 때 각 숫자가 나올 확률은 1/6이므로,

$$\frac{1}{6}(1+2+3+4+5+6)$$

평균은 3.5이다. 따라서 주사위를 1000번 던졌을 때 나오는 숫자의 평균도 3.5이다. 이는 중심극한정리에 의해 주사위를 던지는 횟수가 많아질수록 평균이 3.5에 가까워지기 때문이다.

- GPT가 생성한 해답과 풀이과정이 옳은지 검증한다.
- GPT에게 추가적인 질문을 제시한다. (예: *주사위를 두 개 던졌을 때 나오는 숫자의 합의 평균은?*)

학생: 주사위를 두 개 던졌을 때 나오는 숫자의 합의 분포와 평균은?

GPT:

주사위 두 개를 던졌을 때 나오는 숫자의 합은 이산 균등 분포를 따른다. 이 경우 가능한 값은 2부터 12까지이며, 각 값이 나올 확률은 다음과 같다

2: 1/36
3: 2/36

4: 3/36

5: 4/36

6: 5/36

7: 6/36

8: 5/36

9: 4/36

10: 3/36

11: 2/36

12: 1/36

주사위 두 개를 던졌을 때 나오는 숫자의 합의 평균은 다음과 같이 계산할 수 있다

$$\frac{1}{36}\times 2 + \frac{2}{36}\times 3 + \frac{3}{36}\times 4 + \cdots + \frac{2}{36}\times 11 + \frac{1}{36}\times 12 = 7$$

따라서 주사위 두 개를 던졌을 때 나오는 숫자의 합의 평균은 7이다.

- GPT가 생성한 해답과 풀이과정이 옳은지 검증한다.
- GPT를 활용하여 실제 금융 문제를 해결한다. (예: 로또 복권을 구매할 때 당첨될 확률은 얼마인가? 로또 복권의 가격(1000원)과 당첨금액(20억 원)을 고려하면 투자 가치가 있는가?)

학생: 로또 복권을 구매할 때 당첨될 확률은 얼마인가?

GPT:

　로또 복권의 1등 당첨 확률은 수학적으로 814만5060대1이다. 로또 복권의 1등 당첨 확률은 조합론의 원리를 사용하여 계산될 수 있다. 로또 복권은 1부터 45까지의 숫자 중에서 6개의 숫자를 선택하므로 가능한 모든 경우의 수는 45개의 숫자 중에서 6개를 선택하는 경우의 수는

$$45C6$$

로 계산된다. 이것은

$$45!/(6!*(45-6)!)=8,145,060$$

이다. 따라서 로또 복권의 1등 당첨 확률은

$$1/8,145,060$$

이며, 이는 약 0.0000123%이다.

학생: 로또 복권의 가격(1000원)과 당첨금액(20억 원)을 고려하면 투자 가치가 있는가?

GPT:

　투자 가치 여부는 개인적 결정이며 복권의 가격과 비교하여 잠재적 당첨금을 얼마나 중요하게 생각하는지에 달려 있다.

- GPT가 생성한 해답과 풀이과정이 옳은지 검증한다.
- 교사는 학생들이 GPT가 제공한 정보를 평가(검증)하는지를 관찰하고, 필요한 경우 도움이나 피드백을 제공한다.

○ 정리(10분)

- 각 모둠은 수행한 탐구 과정과 결과를 다른 모둠과 공유한다.
- 교사는 모둠별 발표 내용을 피드백하고 핵심 내용을 정리한다.
- 교사는 GPT의 답변의 정확성과 오류 가능성을 지적하고, 활용 시 유의점을 안내한다.

6) 미술 '미래 사회의 문제(이슈)에 대한 비판적인 시각을 융합적 매체로 표현하기' 주제로 비판적 시각 기르기

- **주제**: 미래 사회의 문제(이슈)에 대한 비판적인 시각을 융합적 매체로 표현하기
- **단원**: 표현 매체의 융합
- **수업목표**: 학생들은 인공지능, 가상현실, 생명공학 등 미래 사회에서 일어날 수 있는 변화나 문제(이슈)에 대한 자신의 비판적인 시각을 융합적 매체로 표현할 수 있다.
- **대상**: 고등학생
- **수업도구**: GPT 활용

○ 도입(10분)

- 교사는 미래 사회에서 일어날 수 있는 변화나 문제(이슈)를 예시(예: AI의 발전과 윤리, 가상현실의 확산과 현실도피, 생명공학의 발전과 윤리 문제 등)를 들어 소개한다.

- 학생들은 자신의 생각을 자유롭게 토론하고 질문하는 시간을 갖는다.
- 수업목표와 활동 안내: 교사는 학생들의 토론을 정리하고, 수업에서는 이러한 미래 사회의 변화나 문제(이슈)에 대해 자신의 비판적인 시각을 융합적 매체로 표현하는 활동을 할 것임을 안내한다.

○ 전개(70분): GPT와 비판적으로 대화하기

1) 미래사회 변화나 문제(이슈)에 대하여 GPT와 비판적으로 대화하기
- 학생들은 GPT와 대화하면서 미래 사회에서 변화나 문제(이슈)에 대해 궁금한 것을 질문하거나, 자신의 생각에 대한 GPT의 답변을 비판적으로 평가한다.
- 학생들은 자신의 비판적인 시각을 메모장이나 스케치북에 기록하거나 그린다.
- 교사는 학생들의 GPT 활동을 풍부하게 하기 위해 다음 예시를 제시한다.
  - AI와 윤리: AI가 인간과 같은 권리와 책임을 갖는가?, AI 로봇이 범죄를 일으키면 누구를 처벌할 것인가?, AI가 인간의 일자리를 대체하는 것이 공정한 것인가? 등
  - 가상현실과 현실도피: 가상현실에서 벌어지는 일은 현실 세계에 영향을 미치는가?, 가상현실 중독과 현실도피 등
  - 생명공학과 도덕성: 생명공학이 인간의 수명을 연장하는 것이 윤리적인가?, 생명공학이 인간의 외모나 능력을 개선하는 것이 윤리적인가? 등

학생: AI 로봇이 범죄를 일으키면 처벌할 수 있는가?

GPT:

결론부터 말하면 현행법으로는 AI 자체에 형사책임을 물을 수 없다. AI는 일종의 기술이므로 법적 처벌 대상이 아니다.

AI로 인한 범죄가 발생하면 AI 기술을 개발하고 관련 서비스를 제공한 회사가 형사처벌 대상이 된다. AI로 인한 범죄 중 과실범은 AI 기술의 오류나 결함으로 인해 예기치 못하게 범죄가 발생한 경우, AI를 개발하거나 관리한 회사가 과실로 인한 형사책임을 지게 된다.

하지만 현행법은 AI의 빠른 발전과 다양한 경우(상황)에 비해 부족한 부분이 많다. AI가 자율적으로 학습하고 판단하는 경우에 AI의 책임과 의무를 어디까지 규정할 것인지, AI가 범죄에 이용되는 경우 어디까지 처벌할 것인지, AI로 인한 피해자의 보호와 보상은 어떻게 할 것인지 등에 대한 명확한 규정이 없다.

학생: AI 강아지가 옆집 아이를 물어 다치게 하였다면, 이 경우 AI 강아지 주인의 책임인가? AI 강아지를 개발한 회사의 책임인가?

GPT:

결론부터 말하면 이 경우에는 AI 강아지를 개발한 회사의 책임이 될 가능성이 높다. AI 강아지가 아이를 문 것은 AI의 오류나 결함으로 인해 예기치 않게 범죄가 발생한 과실범에 해당하기 때문이다.

하지만 AI 강아지 주인이 일정한 책임을 지는 경우도 있을 수 있다. AI 강아지 주인이 AI 강아지의 오류나 결함을 알고 있었거나 알 수 있었음에도 불구하고 적절한 조치를 취하지 않았다면 과실로 인한 형사책임을 질 수 있다.

이러한 사례는 아직 법적으로 명확하게 규정되지 않은 분야이므로 사건의 세부적인 상황에 따라 판단이 달라질 수 있다. 따라서 AI 관련 범죄가 발생할 경우에는 전문적인 법률 자문을 받는 것이 필요하다.

2) 비판적인 시각을 융합적 매체로 표현

- 학생들은 미래 사회의 변화나 문제(이슈)에 대한 자신의 비판적인 시각을 융합적 매체로 표현한다.
- 교사는 다양한 융합적 매체를 소개한다. (*예: 틸트브러쉬와 웹툰을 결합하여 가상현실 속에서 만화 그리기 활동 등*)
- 선생님은 학생들에게 표현 과정에서 필요한 도움이나 조언을 준다.

○ 정리(20분)

- 학생은 자신이 만든 작품을 다른 학생들과 공유한다. 비판적인 시각을 융합적 매체로 표현하는 과정에서 얻은 지식과 경험, 느낌 등을 공유한다.
- 교사는 학생들의 작품과 발표를 평가 및 피드백 한다.
- 교사는 GPT의 답변의 정확성과 오류 가능성을 지적하고, 활용 시 유의점을 안내한다.

7) 과학 '생명체의 구조와 기능에 영향을 미치는 요인'을 주제로 문제해결력 기르기

- 주제: 생명체의 구조와 기능에 영향을 미치는 요인은 무엇인가?
- 수업목표: 생명체의 구조와 기능에 영향을 미치는 다양한 요인을 이해하고 실제 문제를 해결할 수 있다.
- 수업모형: 프로젝트 기반 학습[2]과 협력적 문제해결 학습 활용[3]

---

2 프로젝트 기반 학습(project-based learning): 실제적 문제를 해결하기 위해 다양한 해결책을 모색하고, 과학적 지식과 기술을 적용, 평가하는 과정을 통해 문제해결력을 향상시키는 방법이다.
3 협력적 문제해결(collaborative problem-solving) 학습: 문제 해결을 위해 동료와 함께 문제를 해결하기 위해 의사소통하고, 협력한다.

■ 대상: 고등학생

■ 수업도구: GPT 활용

○ 도입(20분)

● 수업의 목표와 주제를 소개한다. (*"이번 수업에서는 생명체의 구조와 기능에 영향을 미치는 다양한 요인을 배우고, 이러한 지식을 사용하여 실제 문제를 해결하는 학습을 할 것입니다."*)

● 질문을 통하여 학생들의 사전 지식을 활성화한다.

  - 생명체의 구조와 기능이란 무엇인가?

  - 생명체의 구조와 기능은 어떻게 결정되는가?

  - 생명체의 구조와 기능에 영향을 미치는 요인은 무엇이 있을까?

● 모둠(4~5명씩)을 구성한다.

○ 전개(60분)

● 각 모둠은 다음 문제를 GPT를 사용하여 해결한다.

문제

코로나19 바이러스는 RNA 바이러스로서, 자신의 유전자를 복제할 때마다 변이가 발생할 수 있다. 이러한 변이는 바이러스의 구조와 기능에 영향을 주고, 또한 바이러스의 감염력이나 치사율, 백신 저항성 등에 영향을 준다.

GPT를 사용하여 코로나19 바이러스의 1) 변이에 대해 분석하고, 2) 변이가 바이러스의 구조와 기능에 어떤 영향을 주는지 파악한다.

- 각 모둠은 GPT를 활용하여 코로나19 바이러스의 RNA 염기서열과 변이된 염기서열의 차이점과 그 의미를 파악한다.

학생: 코로나19 바이러스의 RNA 염기서열과 변이된 염기서열의 차이점과 의미는 무엇인가?

GPT:

코로나19 바이러스는 RNA 바이러스로, 약 만개의 RNA 염기로 이루어진 유전체와 약 11개의 단백질로 구성된다. 모든 바이러스는 자연적으로 돌연변이가 생긴다는 점에서 코로나19 바이러스도 예외가 아니다. 이러한 변이는 바이러스의 RNA 염기서열에서 발생하며, 이로 인해 바이러스의 단백질 구조가 변화할 수 있다.

변이된 염기서열은 원래의 염기서열과 다른 점이 있다. 이러한 염기서열 변화는 바이러스의 전염성, 감염력 및 병원성에 영향을 미칠 수 있다. 코로나19 바이러스의 변종 중 하나인 영국 변종은 스파이크 단백질을 형성하는 유전자에 변형이 생겨 전염성이 더 높아진 것으로 보인다.

- 각 모둠은 GPT를 활용하여 코로나19 변이 바이러스의 변이된 염기서열로 인해 단백질 구조와 기능이 어떻게 변화되는지를 파악한다.

학생: 코로나19 변이 바이러스의 변이된 염기서열로 인해 단백질 구조와 기능이 어떻게 변화되는가?

GPT:

코로나19 바이러스의 변이는 바이러스의 RNA 염기서열에서 발생하며, 이로 인해 바이러스의 단백질 구조가 변화할 수 있다. 영국 변종은 스파이크 단백질을 형성하는 유전자에 변형이 생겨 전염성이 더 높아진 것으로 보인다.

코로나19 바이러스가 인체 세포에 침투하는 데 사용되는 스파이크 단백질의 구조가 안정화되면 세포와의 결합이 더욱 쉬워져 전파력이 높아진다. 따라서 변이 바이러스의 변이된 염기서열로 인해 스파이크 단백질의 구조가 안정화되면 전파력이 커질 수 있다.

- GPT를 활용하여 코로나19 변이 바이러스의 변화된 단백질 구조와 기능은 바이러스의 감염력이나 치사율, 백신 저항성에 어떠한 영향을 미치는지를 파악한다.

학생: 코로나19 변이 바이러스의 변화된 단백질 구조와 기능은 바이러스의 감염력이나 치사율, 백신 저항성에 어떠한 영향을 미치는가?

GPT:

코로나19 변이 바이러스의 변화된 (스파이크) 단백질 구조와 기능은 바이러스의 감염력과 치사율, 백신 저항성에 모두 영향을 미친다.

바이러스는 세포에 침투할 때 스파이크 단백질을 세포수용체에 결합시켜 세포의 문을 여는 열쇠 역할을 한다. 스파이크 단백질에 발생하는 돌연변이는 세포수용체와의 결합력을 증가시켜 전파력을 높일 수 있다. 오미크론 변이는 스파이크 단백질에 30여 개의 돌연변이가 발생했으며, 이 중 N501Y, E484A, Q493R 등은 세포수용체와 결합하는 부위에 위치하고 있다. 이러한 돌연변이는 스파이크 단백질의 구조적 안정성을 높여 세포와의 결합력을 증가시키고, 전파력을 커지게 한다.

코로나19 변이 바이러스의 단백질 구조와 기능은 바이러스 치사율에 영향을 미칠 수 있다. 바이러스는 세포 내에서 자신의 유전자를 복제하고, 다른 세포로 퍼지면서 면역 반응을 유발한다. 면역 반응은 바이러스를 제거하기 위해 염증과 사이토카인 등을 생성하지만, 과도하게 발생하면 호흡기나 다른 장기에 손상을 줄 수 있다. 스파이크 단백질에 발생하는 돌연변이는 면역 반응의 정도나 방식에 영향을 줄 수 있으며, 이는 치사율에 영향을 미칠 수 있다. 델타 변이는 알파 변이보다 치사율이 85% 높은 것으로 나타났다.

코로나19 변이 바이러스의 단백질 구조와 기능은 백신 저항성에도 영향을 미친다. 백신은 스파이크 단백질을 타깃으로 삼아 바이러스의 침투를 막고 항체를 생성한다. 스파이크 단백질에 발생하는 돌연변이는 백신으로부터 생성된 항체에 의한 중화능력을 감소시켜 백신 저항성을 높일 수 있다. 오미크론 변이는 백신으로부터 생성된 항체에 의한 중화능력을 현저히 감소시켜 백신 저항성을 높인 것으로 나타났다.

- 각 그룹은 GPT와 대화 내용을 토대로 자신들만의 해결책을 도출한다.
- 교사는 학생들이 GPT가 제공한 정보를 평가(검증)하는지를 관찰하고, 필요한 경우 도움이나 피드백을 제공한다.

○ 정리(20분)

- 각 모둠별로 해결책을 다른 모둠과 공유한다.
- 교사는 모둠별 발표 내용을 피드백하고 정리한다.
- 교사는 GPT의 답변의 정확성과 오류 가능성을 지적하고 활용 시 유의점을 안내한다.

8) 과학 '환경오염이 생물에 미치는 영향'을 주제로 비판적 사고와 문제해결력 기르기

■ **주제:** 환경오염이 생물에 미치는 영향
■ **수업목표:** 환경오염이 생물에 미치는 영향을 이해하고, 이를 바탕으로 실제 문제를 해결할 수 있다.
■ **수업모형:** 프로젝트 기반 학습과 협력적 문제해결 학습 활용
■ **대상:** 중학생
■ **수업도구:** GPT 활용

○ 도입(10분)

- 학생들에게 환경오염이 생물에 미치는 영향 관련 사진이나 동영상을 보여 준다. (예: 쓰레기로 오염된 바다에서 고통받는 바다 생물이나 공기오염으로 인해 호흡기 질환을 앓는 사람들의 모습 등)
- 학생들에게 환경오염이 생물에 미치는 영향에 대한 질문을 하고 의견을 공유한다. (예: *환경오염이 생물의 건강과 번식에 어떤 영향을 줄까? 환경오염이 생물의 다양성과 적응력에 어떤 영향을 줄까? 환경오염이 인간의 건강과 삶의 질에 어떤 영향을 줄까?*)
- 수업목표와 활동을 안내한다.
- 모둠(4~5명씩)을 구성한다.

○ 전개(80분)

- 각 모둠은 GPT를 활용하여 환경오염이 생물에 미치는 영향을 조사하고, 이를 해결하는 프로젝트를 기획하고 발표한다.

- 각 모둠은 GPT를 활용하여 직접 세부 주제를 선택하고 관련된 정보를 조사한다.
- 각 모둠은 GPT가 제안한 문제 해결책을 비판적으로 검토·수정하여 자신들만의 프로젝트 제안서를 작성한다. 제안서 내용은 아래와 같다.
    - 프로젝트 목적: 환경오염이 생물에 미치는 영향과 관련된 문제를 정의하고, 이를 해결하는 목표를 기술한다.
    - 문제해결 방법: 문제해결을 위해 필요한 과학적 지식과 기술, 적용 방법과 절차를 기술한다.
    - 기대효과: 문제 해결로 기대되는 효과를 기술한다.
    - 평가 증거(기준): 문제 해결의 성공 여부를 평가할 수 있는 증거(기준)를 설정한다.

GPT가 제안한 문제 해결책

학생: 미세먼지와 황사 같은 대기오염은 인간의 건강에 미치는 해로운(나쁜) 영향을 미친다. 이 문제를 해결하는 방안은?

GPT:
대기오염 문제를 해결하기 위한 다양한 방안이 있다.
1. 대기오염 규제 강화: 정부 차원에서 대기오염 규제를 강화하여 대기오염을 줄이는 것이다. 이를 위해 정부는 대기오염 관련 법률과 규정을 강화하고, 오염자들에게 그들의 행동에 대한 책임을 묻는다.
2. 친환경 에너지 사용 촉진: 친환경 에너지 사용을 촉진한다. 이를 위해 정부와 기업은 재생 가능 에너지원의 개발과 사용을 촉진하고, 화석 연료 사용을 줄인다.

3. 친환경 교통수단 지원: 친환경 교통수단을 지원한다. 이를 위해 정부와 기업은 전기 자동차와 하이브리드 자동차의 개발과 보급을 지원하고, 대중교통의 이용을 촉진한다.

4. 산업 분야의 친환경 기술 개발 지원: 산업 분야에서의 친환경 기술 개발을 지원한다. 이를 위해 정부와 기업은 산업 분야에서의 친환경 기술 개발과 보급을 지원한다.

5. 개인 차원에서의 친환경 생활 실천: 개인 차원에서도 친환경 생활을 실천한다. 이를 위해 개인들은 재활용품 분리수거, 대중교통 이용, 에너지 절약 등 친환경 생활습관을 실천한다.

- 각 모둠은 프로젝트 기획서와 발표자료를 작성한다.
- 교사는 학생들이 GPT가 제공한 정보를 평가(검증)하는지를 관찰하고, 필요한 경우 질문이나 피드백을 제공한다.

○ 정리(10분)

- 각 모둠은 수행 결과를 발표 및 공유한다.
- 교사는 모둠별 발표 내용을 피드백하고 핵심 내용을 정리한다.
- 교사는 GPT의 답변의 정확성과 오류 가능성을 지적하고, 활용 시 유의점을 안내한다.

9) 과학 '우주 초기의 원소 생성과 태양계 형성 과정에서 원소 생성'을 주제로 문제해결력 기르기

■ **주제:** 우주 초기의 원소 생성과 태양계 형성 과정에서 원소 생성
■ **수업목표:** 우주 초기의 원소 생성과 태양계 형성 과정에서 원소 생성을 이해하고, 이를 바탕으로 관련 문제를 해결할 수 있다.
■ **수업모형:** 프로젝트 기반 학습과 협력적 문제해결 학습 활용
■ **대상:** 고등학생
■ **수업도구:** GPT 활용

○ 도입(10분)

● 교사는 지구를 구성하는 원소와 그 기원에 대하여 질문하고 학생들과 의견을 공유한다. (예: "*지구는 어떤 원소들로 구성되어 있을까요? 그 원소들은 어디서 왔을까요?*")

● 교사는 지구는 주로 수소, 헬륨, 탄소, 질소, 산소 등의 원소들로 구성되어 있으며, 이 원소들은 우주 초기와 태양계 형성 과정에서 생성되었다고 설명한다. 또한 우주 초기의 원소 생성과 태양계 형성 과정에서 원소 생성을 간단히 설명한다.

● 수업목표와 활동을 안내한다.

● 모둠(4~5명씩)을 구성한다.

○ 전개(30분)

● 각 모둠은 GPT를 활용하여 다음 과제를 해결한다.

우주 초기와 태양계 형성 과정에서 원소가 각각 어떻게 생성되었는지 조사하고, 이를 바탕으로 지구에서 발견된 희귀한 원소의 출처 찾기

- GPT를 활용하여 우주 초기에 어떤 원소들이 어떤 과정으로 생성되었는지 조사한다.

학생: 빅뱅이론에 따라 *우주가 생성된 직후에 일어난 원소 생성* 과정은 무엇이고, 어떤 원소들이 생성되었는가?

GPT:

빅뱅 이론에 따르면 우주가 생성된 직후에 일어난 원소 생성 과정과 태양과 행성들이 형성되는 과정에서 일어난 원소 생성 과정은 다르다.

우주 초기의 원소 생성 과정은 우주의 팽창과 온도 하강에 의해 일어나며, 이 과정에서 주로 수소와 헬륨이 생성되었다. 빅뱅 후 우주가 팽창하여 우주의 온도가 낮아지면서 수소와 헬륨 같은 무거운 입자가 생성되었다. 이러한 과정을 *빅뱅 핵합성*이라고 한다. 빅뱅 핵합성은 우주의 온도가 낮아지면서 가벼운 원소들이 결합하여 무거운 원소들이 생성되는 과정이다.

- GPT를 활용하여 태양계 형성 과정에서 어떤 원소들이 어떤 과정으로 생성되었는지 조사한다.

학생: *태양계 형성 과정에서 일어난 원소 생성* 과정은 무엇이고, 어떤 원소들이 생성되었는가?

GPT:

　태양과 행성들이 형성되는 과정에서 일어난 원소 생성 과정은 별의 내부에서 일어나는 핵합성 과정이다. 별의 내부에서 고온과 고압의 환경에서 수소 같은 가벼운 원소들이 결합하여 헬륨 같은 무거운 원소가 생성되었다.

　태양계의 형성은 약 46억 년 전에 거대한 분자 구름의 일부분이 중력 붕괴를 일으키면서 시작되었다. 붕괴한 질량 대부분은 중앙부에 집중되어 태양을 형성했고, 나머지 물질은 행성, 위성, 소행성 및 다른 태양계 천체들을 형성하게 될 얇은 원반 모양의 원시 행성계 원반으로 진화하였다.

　이 가설은 성운 모형으로 널리 받아들여진 태양계 생성 이론이며, 18세기에 스베덴보리를 비롯하여 칸트, 라플라스가 개발하였다.

- GPT를 활용하여 지구에서 발견된 희귀한 원소를 찾고, 그 원소가 어디서 왔을지 추론한다.

학생: 지구에서 발견되는 희귀한 원소 하나를 제시하고, 이 원소가 어디서 왔는지, 어떻게 생성되었는지를 설명하라.

GPT:

　아스타틴(astatine)은 지구상에서 천연으로 존재하는 원소 중 가장 희귀한 원소 중 하나이다. 지구 지각에는 30그램 미만의 천연 아스타틴이 존재한다. 아스타틴은 자연에서 발견되는 양이 매우 적을 뿐만 아니라, 가장 안정한 형태인 아스타틴-210조차도 생산하기 어렵다. 모든 아스타틴의 동위원소는 반감기가 짧고, 아스타틴-210의 반감기는 8.1시간에 불과하다.

　우라늄과 토륨의 자연적인 방사성 붕괴 과정에서 생성되는 아스타틴은 매우 빠르게 붕괴되어 다른 원소로 변한다.

- 각 모둠은 GPT와 대화 내용을 토대로 우주 초기와 태양계 형성 과정에서 원소를 각각 파악하고 희귀한 원소의 출처를 찾는다.
- 교사는 학생들이 GPT가 제공한 정보를 평가(검증)하는지를 관찰하고, 필요한 경우 도움이나 피드백을 제공한다.

○ 정리(10분)

- 각 모둠별로 정리된 내용을 다른 모둠과 공유한다.
- 교사는 모둠별 발표 내용을 피드백하고 정리한다.
- 교사는 GPT의 답변의 정확성과 오류 가능성을 지적하고, 활용 시 유의점을 안내한다.

10) 과학 '화석과 공룡 대멸종'을 주제로 문제해결력 기르기

- **주제:** 공룡 대멸종의 원인
- **단원:** 화석과 공룡 대멸종
- **수업목표:** 화석과 공룡 대멸종의 관계를 이해하고, 공룡 대멸종의 원인을 설명할 수 있다.
- **수업모형:** 프로젝트 기반 학습과 협력적 문제해결 학습 활용
- **대상:** 고등학생
- **수업도구:** GPT 활용

○ 도입(10분)

- 교사는 "*화석이 공룡 대멸종과 어떤 관련이 있을까요?*"라고 질문하고 학생들과 의견을 공유한다.

- 교사는 화석이 공룡 대멸종의 증거로 사용될 수 있음을 설명한다.
- 수업목표와 활동을 안내한다.
- 모둠(4~5명씩)을 구성한다.

○ 전개(70분)

- 각 모둠은 GPT를 활용하여 다음 과제를 해결한다.

과제

화석을 통해 공룡 대멸종의 원인을 알아보고, 이를 바탕으로 공룡 대멸종에 대한 가설을 세우고 검증하기

- 각 모둠은 GPT를 활용하여 화석을 통해 알 수 있는 공룡 대멸종의 다양한 원인(가설)과 각 원인이 공룡 대멸종에 끼친 직접적 영향을 탐구한다.

학생: 화석을 통해 알 수 있는 공룡 대멸종의 다양한 원인과, 각 원인이 공룡 대멸종에 끼친 직접적 영향을 설명하라.

GPT:

공룡의 멸종에 대해 널리 받아들여지는 설명은 6,600만 년 전 백악기 말에 큰 소행성이나 혜성의 충돌이다. 이 충격으로 칙술루브(Chicxulub) 분화구가 만들어졌고 공룡의 생존을 어렵게 하는 지구 기후 변화를 촉발한 것으로 추측된다.

공룡의 멸종을 설명하는 다른 가설들이 있는데, 여기에는 질병, 폭염 및 그로 인한 불임, 추위, 알을 먹는 포유류의 출현, 근처에서 폭발하는 초신성의 X선

등이 포함된다.

학생: 소행성 충돌 가설(asteroid impact theory)은 화석으로 증명되는가?

GPT:

조류가 아닌 공룡의 멸종에 대한 소행성 충돌 이론을 뒷받침하는 화석 증거가 있다. 과학자들은 6,600만 년 전 멸종 소행성이 지구를 강타한 날 죽은 공룡 화석을 발견했다. 완벽하게 보존된 테셀로사우루스(Thescelosaurus) 공룡의 다리는 비늘 모양의 피부를 가지고 있으며, 충돌로 인한 파편이 존재하기 때문에 공룡 대멸종의 원인을 지지하는 증거로 사용된다.

- 각 모둠은 타당하다고 생각하는 원인(가설)을 선택하고, 그 이유를 추론한다.
- 각 모둠은 GPT를 활용하여 선택한 원인(가설)을 검증할 방법을 탐구한다.

학생: 질병, 폭염 및 그로 인한 불임이 공룡 대멸종의 원인(가설)으로 타당하다고 생각한다. 이 주장(가설)을 화석으로 검증할 수 있는가? 화석으로 검증(증명)할 수 있다면 그 방법은 무엇인가?

GPT:

화석만을 사용하여 질병, 폭염 및 그로 인한 불임이 공룡의 대량 멸종의 주요 원인이라는 가설을 검증하는 것은 어렵다. 화석은 시간이 지남에 따라 공룡 개체군과 다양성의 변화에 대한 증거를 제공하지만, 화석만으로는 이러한 변화의 구체적인 원인을 파악하기 어렵다.

그러나 이 가설을 평가하는 데 사용할 수 있는 다른 증거가 있다. 예를 들어, 지질학적 기록을 연구하여 공룡 개체군에 영향을 미쳤을 수 있는 폭염이나 기타 사건의 원인이 되는 기후 및 환경 조건의 변화에 대한 증거를 찾을 수 있다. 또한 공룡과 같은 시기에 살았던 다른 유기체의 화석 기록을 연구하여 유사한 감소 패턴을 보이는지 확인할 수 있다.

- 각 모둠은 GPT와 대화 내용을 토대로 화석을 통해 알 수 있는 공룡 대멸종의 다양한 원인(가설)을 탐구한다.
- 교사는 학생들이 GPT가 제공한 정보를 평가(검증)하는지를 관찰하고, 필요한 경우 질문이나 피드백을 제공한다.

○ 정리(20분)

- 각 모둠은 화석으로 알 수 있는 공룡 대멸종의 원인(가설)과 검증 방법을 공유한다.
- 교사는 학생들의 발표를 듣고, 질문이나 의견을 제시한다.
- 교사는 GPT의 답변의 정확성과 오류 가능성을 지적하고, 사용 시 주의점을 설명한다.

11) 수학 '미분, 적분 단원에서 포도주통 문제'를 주제로 문제해결력 기르기

■ **주제:** 포도주통의 입구 넓이가 다른데 동일한 가격이 책정된다면, 어떤 포도주통을 사는 것이 이득일까?

■ **단원:** 미분과 적분

■ **수업목표:** 미적분을 사용하여 포도주통 문제(포도주통의 입구 넓이가 다른데 동일한 가격이 책정된다면, 어떤 포도주통을 사는 것이 이득일까?)를 창의적으로 해결할 수 있다.

■ **수업모형:** 프로젝트 기반 학습 활용

■ **대상:** 고등학생

■ **수업도구:** GPT 활용

○ 도입(10분)

● 교사는 학생들에게 포도주 통의 사진과 케플러가 제기한 문제를 소개한다.

> 문제
>
> 포도주통 문제는 17세기에 독일의 수학자이자 천문학자인 케플러가 처음 제기한 문제이다. 케플러는 <포도주통의 입구 넓이가 다른데 동일한 가격이라면, 어떤 포도주통을 사는 것이 이득일까?>라는 문제를 해결하기 위해 구분구적법이라는 수학 방법을 개발했다. 구분구적법은 일반적으로 평면도형의 넓이나 입체의 부피를 구할 때, 작게 나눈 기본 도형의 넓이나 부피의 합으로 근삿값을 구한 다음, 그 근삿값의 극한으로써 도형의 넓이나 부피를 구하는 방법이다.

- 학생들은 포도주 통의 모양과 부피를 구하는 방법을 생각하고 의견을 공유한다.
- 교사는 학생들에게 구분구적법의 개념과 예시를 간단하게 설명한다.
- 수업목표와 활동을 안내한다.
- 모둠(4~5명씩)을 구성한다.

○ 전개(30분)

- 각 모둠은 GPT를 활용하여 포도주 통의 모양을 다양하게 바꾸어 보면서 부피와 가격의 관계를 탐색한다.

학생: 포도주통의 모형이 타원기둥이고, 포도주통의 입구 넓이가 다를 경우, 어떤 포도주통의 부피가 클까?

GPT:

와인 배럴을 축의 수직 방향으로 얇은 디스크로 슬라이스하고 슬라이스 된 디스크의 부피를 합산하여 전체 부피를 구할 수 있다.

각 디스크의 부피는 단면적과 두께의 곱으로 계산된다. 각 디스크의 단면적은 타원의 면적공식으로 구한다.

타원의 면적: $A = \pi ab$ (a와 b는 타원의 반 장축과 반 단축)

디스크의 높이가 h, 타원형 밑면의 반장축 a와 반장축 b로 가정하면, 다음과 같이 적분을 이용하여 부피를 계산할 수 있다.

타원의 부피: $V = \int [0, h] \, \pi ab * dx$ (dx는 각 디스크의 두께)

이 적분을 계산하면 다음과 같은 결과를 얻는다.

$$V = \pi ab * \int [0, h] \, dx = \pi ab * [x]\_0^h = \pi ab * (h-0) = \pi abh$$

- 각 모둠은 GPT가 제시한 내용을 토대로 포도주통의 모양을 바꾸면서 부피와 가격의 관계를 구한다.
- 교사는 학생들이 GPT가 제공한 정보를 평가(검증)하는지를 관찰하고, 필요한 경우 질문이나 피드백을 제공한다.

○ 정리(10분)

- 각 모둠별로 정리된 내용을 다른 모둠과 공유한다.
- 교사는 모둠별 발표 내용을 피드백하고 정리한다.
- 교사는 GPT의 답변의 정확성과 오류 가능성을 지적하고, 활용 시 유의점을 안내한다.

12) 과학 수업에서 '과학 발명' 주제로 창의성 기르기

- **주제**: 과학 발명
- **수업목표**: 창의적인 아이디어를 생성하여 과학 발명을 할 수 있다.
- **대상**: 중학생
- **수업도구**: GPT 활용

○ 도입(10분)

● 교사는 학생들에게 역사상 중요한 과학 발명의 예(인쇄기, 증기기관, 전구, 전화기, 컴퓨터 등)를 소개하며 *"과학 발명은 어떻게 만들어질까?"*라고 질문하고 의견을 공유한다.

● 수업목표와 활동을 안내한다.

● 모둠(4~5명씩)을 구성한다.

○ 전개(80분)

● 각 모둠은 GPT에게 관심있는 과학 분야나 문제를 말하고, 그것과 관련된 과학 발명의 아이디어를 제안하도록 한다. (예: *나는 수질오염, 강의 오염, 바다의 오염 문제에 관심이 있어. 수질오염, 강의 오염, 바다의 오염 문제를 해결할 수 있는 과학 발명은 무엇이 있을까?*)

학생: 나는 수질(강, 바다) 오염 문제에 관심이 있어. 수질(강, 바다) 오염 문제를 해결할 수 있는 과학 발명은 무엇이 있을까?

GPT:

수질(하천, 해양) 오염 문제를 해결하는 데 도움이 되는 과학적 발명의 예는 다음과 같다.

1. 생분해성 플라스틱: 생분해성 플라스틱은 자연적으로 분해되어 환경에 미치는 영향을 최소화하는 플라스틱이다.

2. 플라스틱 폐기물 업사이클링: Bureo 및 Bionic과 같은 회사는 버려진 어망과 같은 폐기물을 스케이트보드 및 선글라스와 같은 유익한 제품으로 바꾸

GPT가 쏘아올린 교육혁명: GPT 활용 고등사고능력 개발하기

는 방법을 찾고 있다.

3. 물에서 미세 플라스틱을 제거하는 액체: 아일랜드의 Fionn Ferreira는 물에서 미세 플라스틱을 제거할 수 있는 액체를 발명하여 2019년 Google Science Fair 상을 수상하였다.

4. 플라스틱을 삼키는 기계: 이 기계는 플라스틱 폐기물을 더 쉽게 관리할 수 있는 더 작은 입자로 분해한다.

- GPT에게 자신이 생각한 과학 발명의 아이디어를 말하고, 그것의 장단점, 가능성과 한계, 윤리적 문제 등을 물어본다. (예: *나는 A liquid that removes micro-plastics from water에 관심이 있어. 어떻게 이 용액을 발명할 수 있을까?*)

학생: Fionn Ferreira가 발명한 liquid를 개발하는 방법을 설명하라.

GPT:

Ferreira의 아이디어는 오일과 magnetite 분말을 결합하여 페로유체(ferrofluid)를 만들고, 이 페로유체를 사용하여 물에서 미세 플라스틱 입자를 포착하고 추출한다. 페로유체는 자기 물질의 작은 입자를 운반하는 액체이다. 페로유체는 자기장이 있는 상태에서 자화되는 액체로서 물에 유입되면 미세 플라스틱은 페로유체에 빠르게 결합되며, 자석을 사용하여 제거면 물만 남게 된다. Ferreira는 페로유체를 사용하여 물에서 미세 플라스틱 입자를 포착하고 추출할 수 있다고 생각하였다.

1,000회 이상의 테스트에서 Ferreira의 페로유체는 직경이 2mm 미만인 플라스틱 입자를 물에서 제거하는데 87%의 성공률을 보였다. 그녀는 자기가 만든

가시광선 스펙트로미터(visible light spectrometer)를 사용하여 테스트 용액의 미세 플라스틱 밀도를 정확하게 측정하였다.

- 학생들은 GPT를 사용하여 페로유체(ferrofluid)를 발명하는 창의적인 아이디어를 브레인스토밍한다.
- 교사는 학생들이 GPT가 제공한 정보를 평가(검증)하는지를 관찰하고, 필요한 경우 질문이나 피드백을 제공하여 학생들의 상상력과 창의력을 자극한다.

○ 정리(10분)

- 각 모둠은 과학 발명의 아이디어를 발표 및 공유한다.
- 교사는 모둠별 발표 내용을 피드백하고 핵심 내용을 정리한다.
- 교사는 GPT의 답변의 정확성과 오류 가능성을 지적하고, 활용 시 유의점을 안내한다.

13) 과학 수업에서 '제품 속의 과학 원리' 주제로 창의성 기르기

- **주제:** 제품 속의 과학 원리
- **수업목표:** 제품 속의 과학의 원리를 이해하고, 과학의 원리를 활용하여 창의적인 제품을 발명할 수 있다.
- **수업모형:** 사고실험4과 프로젝트 기반 학습 활용
- **대상:** 고등학생
- **수업도구:** GPT 활용

---

4 사고실험(thought experiment)은 현실에서 실제로 수행하기 어려운 실험을 상상력을 통해 수행하는 방법임.

○ 도입(10분)

- 교사는 제품 속의 과학 원리에 대하여 질문하고 학생들과 의견을 공유한다. (예: *"우리가 평소에 사용하는 제품들은 어떤 과학의 원리를 활용하고 있을까요? 그 과학의 원리는 어떻게 작동할까요?"*)
- 교사는 일상생활에서 흔히 볼 수 있는 제품 속 과학 원리의 예시(전자레인지, 냉장고, 스마트폰 등)를 들고, 각 제품이 어떤 과학의 원리를 활용하고 있는지 간단히 설명한다.
- 수업목표와 활동을 안내한다.
- 모둠(4~5명씩)을 구성한다.

○ 전개(30분)

- 각 모둠은 GPT를 활용하여 다음 과제를 해결한다.

과제

제품 속의 과학 원리를 이해하고, 이를 바탕으로 창의적인 제품을 발명하기

- GPT를 활용하여 평소에 사용하는 제품 하나를 선택하고, 그 제품이 어떤 과학 원리를 활용하고 있는지 조사한다. (예: *전자레인지는 어떤 과학적 원리로 작동하는가?*)

학생: 전자레인지는 어떤 과학적 원리로 작동하는가?

GPT:

전자레인지는 전자기파를 이용하여 음식의 수분 분자를 진동시켜 가열하는 과학적 원리로 작동된다. 전자레인지 내부의 마그네트론이 전자기파를 발생시킨다.

전자레인지가 작동하면 마그네트론에서 발생한 전자기파가 전자레인지 내부로 방출되고 이 전자기파는 음식의 수분 분자를 진동시키며, 이 진동에 의해 발생하는 마찰 열로 인해 음식이 가열된다.

학생: 전자레인지의 마그네트론이 전자기파를 방출하는가?

GPT:

마그네트론은 고전압과 자기장을 이용하여 전자를 가속시키고 조절하여 전자기파를 발생시킨다. 마그네트론은 진공관의 일종으로, 고전압을 이용하여 전자를 방출하고 이 전자들을 자기장을 이용하여 조절하여 전자기파를 발생시킨다.

마그네트론의 작동 원리는 다음과 같다.
1. 마그네트론의 가열 필라멘트가 가열되면서 전자가 방출된다.
2. 이 전자들은 마그네트론의 고전압 음극에 의해 가속된다.
3. 마그네트론 내부의 자기장은 전자의 운동 방향을 변경시킨다.
4. 이때 전자들이 원형 궤도를 그리며 운동하면서 전자기파를 방출한다.

• GPT를 활용하여 제품을 개선하는 방법을 탐구한다.

학생: 마그네트론이 방출하는 전자기파가 음식의 수분 분자를 진동시킬 때, 음식의 수분을 보존하거나 적게 증발시키는 방법은 없는가?

GPT:

전자레인지로 음식을 가열할 때 음식의 수분이 증발하는 것을 막는 방법으로 음식 주위에 물을 넣는 방법이 있다. 음식 주위에 물을 넣으면 전자레인지 내부의 습도가 상승하여 음식의 수분이 증발하는 것을 억제할 수 있다.

학생: 음식 주위에 물을 넣으면 음식의 수분이 증발하는 것을 억제하는 과학적 원리는 무엇인가?

GPT:

전자레인지 내부의 습도가 상승하면 음식의 수분이 증발하는 것을 억제하는 이유는 증발의 평형 상태라는 과학적 원리에 기초한다. 습도가 높아지면 공기 중의 수증기 분압이 증가한다. 이때 음식의 표면에서 증발하는 수분 분자의 수와 공기 중에서 음식으로 되돌아가는 수증기 분자의 수가 균형을 이루게 된다. 이를 증발의 평형 상태라고 한다. 증발의 평형 상태에서는 음식의 표면에서 증발하는 수분 분자의 수가 줄어들게 된다. 따라서 전자레인지 내부의 습도가 높아지면 음식의 수분이 증발하는 것이 억제된다.

- 학생들은 GPT를 활용하여 사고실험을 통해 제품을 개선하는 창의적인 아이디어를 브레인스토밍한다.
- 교사는 학생들이 GPT가 제공한 정보를 평가(검증)하는지를 관찰하고, 필요한 경우 질문이나 피드백을 제공하여 학생들의 상상력과 창의력을 자극한다.

○ 정리(10분)

- 각 모둠별로 제품을 개선하는 창의적 아이디어를 다른 모둠과 공유한다.
- 교사는 모둠별 발표 내용을 피드백하고 정리한다.
- 교사는 GPT의 답변의 정확성과 오류 가능성을 지적하고, 활용 시 유의점을 안내한다.

14) 과학 '우연한 발견과 사고 실험' 주제로 창의성 기르기

- **주제:** 우연한 발견과 사고 실험(thought experiment)[5]
- **수업목표:** 우연한 발견과 사고 실험의 다양한 사례들을 학습하고 이를 바탕으로 과학 문제나 현상을 창의적으로 사고할 수 있다.
- **수업모형:** 사고 실험과 프로젝트 기반 학습 활용
- **대상:** 고등학생
- **수업도구:** GPT 활용

○ 도입(10분)

- 교사는 사고실험에 대하여 질문하고 학생들과 의견을 공유한다. (예: *"과학의 발전에 우연한 발견이나 사고 실험이 중요하다고 생각하나요? 그 이유는 무엇일까요?"*)
- 우연한 발견과 사고 실험의 개념과 사례를 소개한다. 우연한 발견은 예상치 못한 결과를 얻는 과정에서 새로운 지식이나 기술이 발견되는 것이며, 사고 실험은 현실에서 하기 어려운 실험을 상상력을 통해 수행하는 방법이

---

5 사고실험(thought experiment)은 현실에서 실제로 수행하기 어려운 실험을 상상력을 통해 수행하는 방법임.

다. (우연한 발견의 예: 페니실린, 레이저, 마이크로파 등 / 사고 실험의 예: 아르키메데스의 부력의 법칙, 뉴턴의 만유인력, 슈뢰딩거의 고양이, 아인슈타인의 열차, 힐베르트의 호텔6 등)

● 수업목표와 활동을 안내한다.

● 모둠(4~5명씩)을 구성한다.

○ 전개(30분)

● 각 모둠은 GPT를 활용하여 다음 과제를 해결한다.

> ### 과제
>
> 우연한 발견과 사고 실험의 다양한 사례들을 학습하고, 이를 바탕으로 과학 문제나 현상을 창의적으로 사고하기

● GPT를 활용하여 우연한 발견과 사고 실험의 사례를 찾고 진행 방법을 탐구한다.

> 학생: 슈뢰딩거의 고양이 실험은 어떻게 실험이 진행되었는가?
>
> GPT:
> 슈뢰딩거의 고양이 실험은 양자역학의 개념을 설명하기 위한 사고 실험이다. 이 실험은 실제로 수행되지 않았으며, 오직 머릿속에서만 이루어진 실험으로 다음과 같이 진행된다.

---

6 슈뢰딩거의 고양이는 양자역학의 개념을 설명하기 위한 사고 실험임. 아인슈타인의 열차는 상대성 이론을 설명하기 위한 사고 실험임. 힐베르트의 호텔은 집합론의 역설을 설명하기 위한 사고 실험임.

1. 밀폐 상자 안에 고양이와 방사성 물질이 든 병, 가이거 계수기(Geiger counter)가 연결된 망치를 함께 둔다.
2. 방사성 물질은 일정하게 붕괴된다. 방사성 물질이 붕괴되면, 가이거 계수기가 방사능을 감지하고 망치가 작동하여 병이 깨지게 되고, 고양이는 죽게 된다.
3. 하지만 방사성 물질이 붕괴되지 않으면 망치는 작동하지 않고, 고양이는 살아남는다.
4. 상자를 열기 전까지는 고양이가 살아있는지 죽어있는지 알 수 없다. 양자역학의 원리에 따르면, 상자를 열기 전까지 고양이는 살아있는 상태와 죽어있는 상태가 동시에 존재하는 슈퍼포지션 상태에 놓여 있다.

이 사고실험은 물체가 관찰될 때까지 한 번에 여러 상태로 존재할 수 있는 양자 중첩의 역설(paradox of quantum superposition)을 보여주기 위한 실험이었다.

- 관심있는 과학 문제(현상)를 선택하고, 그 문제(현상)를 GPT를 활용한 우연한 발견이나 사고실험을 수행하여 해답이나 가설을 수립한다.
- 교사는 학생들이 GPT가 제공한 정보를 평가(검증)하는지를 관찰하고, 필요한 경우 질문이나 피드백을 제공하여 학생들의 상상력과 창의력을 자극한다.

○ 정리(10분)

- 각 모둠별로 우연한 발견이나 사고 실험을 통해 수행한 과학 문제와 내용을 다른 모둠과 공유한다.

- 교사는 모둠별 발표 내용을 피드백하고 정리한다.
- 교사는 GPT의 답변의 정확성과 오류 가능성을 지적하고, 활용 시 유의점을 안내한다.

15) 미술 '표현 매체의 융합' 단원에서 '미래 사회를 상상하는 작품 만들기' 주제로 창의성 기르기

- **주제:** 미래 사회를 상상하는 창의적 작품 만들기
- **단원:** 표현 매체의 융합
- **수업목표:** 미래 사회에서 일어날 수 있는 변화나 문제에 대해 상상하고 그것을 해결(개선)하는 창조적인 아이디어를 창의적 작품으로 표현할 수 있다.
- **대상:** 고등학생
- **수업도구:** GPT 활용

○ 도입(10분)

- 교사는 미래 사회에서 일어날 수 있는 변화나 문제를 소개하고 학생들과 의견을 공유한다. (예: AI, 가상현실, 생명공학 등과 관련된 이슈)
- 수업목표와 활동을 안내한다. 미래 사회의 변화나 문제를 상상하고 그것을 해결(개선)하는 창조적인 아이디어를 창의적 작품으로 표현하는 활동을 할 것임을 안내한다.

○ 전개 1(30분)

- 학생들은 GPT와 대화하면서 미래 사회에서 일어날 수 있는 변화나 문제에 대해 질문하거나, 자신의 생각을 말하고, GPT의 답변을 비판적으로 평가

한다. 이를 통해 미래 사회에 대한 다양한 정보와 지식을 얻고, 자신의 창조적인 아이디어를 발전시킨다.

학생: AI, 가상현실, 생명공학 등의 발전으로 인한 미래사회의 변화와 문제 중 예술로 표현할 수 있는 몇 가지 예를 제시하라.

GPT:

다음은 AI, 가상현실 및 생명공학의 발전으로 인한 미래 사회의 변화와 문제 중 예술로 표현할 수 있는 주제들(예)이다.

AI

- AI가 인간 노동자를 대신하는 세상을 묘사한 작품: 일자리가 사라지고 자동화의 사회적 영향을 표현한다.
- 인간 지능을 능가하는 AI의 잠재적 위험을 표현하는 그림: 초인지 AI 탄생의 윤리적 의미를 표현한다.
- 인간과 AI의 혼합(blending)을 상징하는 조각: 트랜스 휴머니즘의 개념과 인간과 기계의 경계의 모호함을 표현한다.

가상 현실

- 사람들이 가상 세계에 완전히 중독된 미래를 묘사한 그림: 가상현실 중독과 현실과의 단절의 가능성을 표현한다.
- 물리적 공간과 가상 공간 사이의 경계가 모호함을 보여주는 혼합(mixed) 미디어 작품: 가상 현실이 세계에 대한 인간의 인식에 미치는 영향을 표현한다.
- 사생활 침해, 개인정보 조작, 개인 정체성 상실과 같은 가상 현실의 윤리적 문제를 나타내는 설치 예술 작품

GPT가 쏘아올린 교육혁명: GPT 활용 고등사고능력 개발하기

생명 공학

- 변형되거나 잡종화된 생물체를 표현한 조각품: 유전 공학의 가능성과 위험을
  보여주고, 생명 윤리와 자연물 조작에 대한 논쟁을 불러일으킨다.
- 유기 요소와 합성 요소를 결합한 콜라주 작품: 생명공학이 유비쿼터스가 된
  미래에 생물학과 기술의 융합을 표현한다.
- 생명공학으로 인간 수명이 향상된 인터랙티브(Interactive) 설치 예술품: 불평
  등과 "순수 자연적" 인간 존재의 정의에 대한 의문을 제기한다.

  예술은 주관적이고 해석의 여지가 있으므로 독특하고 생각을 자극하는 방식
으로 자유롭게 실험하고 아이디어를 표현하세요.

- 교사는 학생들이 GPT가 제공한 정보를 평가(검증)하는지를 관찰하고, 필요
  한 경우 질문이나 피드백을 제공하여 학생들의 상상력과 창의력을 자극한다.
- 학생들은 자신의 아이디어를 메모장이나 스케치북 등에 기록하거나 그린다.

○ 전개 2(40분): 창의적 아이디어를 작품으로 표현

- 학생들은 GPT와 대화 과정에서 얻은 자신의 창의적 아이디어를 작품으로
  표현한다. 이때 다양한 매체를 활용한다. (예: 구글 TiltBrush, 구글 Blocks 등)

○ 정리(20분)

- 작품 발표: 학생들은 자신의 작품을 발표하고 동료들과 의견을 공유한다.
- 교사는 발표 내용을 피드백하고 정리한다.
- 교사는 GPT의 답변의 정확성과 오류 가능성을 지적하고, 활용 시 유의점
  을 안내한다.

16) 윤리 '사회의 다양한 갈등을 극복하는데 필요한 소통의 윤리'를 주제로 협력적 의사소통 능력 기르기

■ **주제:** 사회의 다양한 갈등을 극복하는데 필요한 소통의 윤리는 무엇인가?

■ **과목:** 시민윤리

■ **단원:** 갈등 해결과 소통의 윤리

■ **수업목표:** 사회의 다양한 갈등 요소를 알고, 이러한 갈등을 극복하는데 필요한 소통의 윤리를 이해하고 실천할 수 있다.

■ **수업모형:** 프로젝트 기반 학습과 협력적 문제해결 학습 활용

■ **대상:** 고등학생

■ **수업도구:** GPT 활용

○ **도입(10분)**

● 교사는 우리 사회의 갈등 요소에 대하여 학생들에 질문하고 의견을 공유한다. (예: *"1명의 장애인을 위하여 학교의 모든 건물에 엘리베이터를 설치하는 것에 대하여 사람들은 비용이 너무 많이 들고 비효율적이라고 비판합니다. 이러한 갈등을 극복하기 위하여 어떠한 소통이 필요할까요?"*)

● 수업목표와 활동을 안내한다. *"오늘 사회의 다양한 갈등을 극복하는데 필요한 소통의 윤리에 대해 배울 것입니다."*

● 모둠(4~5명씩)을 구성한다.

○ **전개(70분)**

● 각 모둠은 GPT를 활용하여 다음 과제를 해결한다.

우리 사회에서 민감한 갈등 문제의 구체적 사례를 찾고, 해당 갈등을 극복하는데 필요한 실천적 소통 방법을 찾는다.

- 각 모둠은 GPT를 활용하여 사회의 다양한 갈등 문제, 사례와 관련된 정보를 조사한다.
- 각 모둠은 GPT를 활용하여 갈등 문제를 해결하는 실천적 소통 방안을 모색한다.

학생: 동성애 이슈 관련해 지지하는 사람들과 반대하는 사람들로 사회가 갈등을 겪고 있다. 동성애 이슈로 인한 사회의 갈등을 해결하기 위하여 필요한 소통은 무엇인가? 이 소통을 어떻게 실천할 수 있는가?

GPT:

동성애 이슈로 인한 사회의 갈등을 해결하기 위해서는 상호 이해와 소통이 필요하다. 동성애 이슈로 인한 사회의 갈등을 해결하기 위해 필요한 소통은 상호 존중과 이해, 개방적인 대화, 상호간의 공감이다. 아래는 소통을 실천할 수 있는 몇 가지 방법이다.

1. 존중과 이해: 서로 다른 의견을 존중하고 이해하는 것이다. 갈등 상황에서 상대의 의견을 존중하며, 그들의 배경과 경험을 이해하려 노력한다.
2. 개방적인 대화: 열린 마음으로 대화를 하고 자신의 의견을 표현하는 것이 필요하다. 편견과 편협한 시각을 벗어나고, 이해관계를 형성하며 서로 이야기할 수 있는 안전한 공간을 조성한다.
3. 공감: 상대방의 감정과 경험을 공감한다.

4. 중재자나 조정자 참여: 중재자나 조정자의 참여를 통해 양측의 갈등을 중재한다.

5. 공공토론: 동성애 이슈와 관련된 공공토론을 통해 사회적 갈등 해결에 기여할 수 있다. 예를 들어, 동성애 측과 기독교 측 간의 공동토론의 장을 열어서 갈등의 간격을 좁혀서 평화와 공존을 도모하는 것이 좋다. 동성애 측과 기독교 측이 공동으로 성연구소와 법률자문단을 발족하여 상호 이해의 장을 마련할 수 있다. 이러한 소통을 통해 화해를 도모하고 동성애 이슈로 인한 상호 갈등의 골을 좁히는 효과를 기대할 수 있다.

6. 교육: 사회적 인식을 높이기 위해 교육을 실천한다. 동성애와 관련된 편견이나 오해를 해소하고, 인권과 평등에 대한 이해를 촉진하는 교육 프로그램을 개발하고 실천한다.

- 각 모둠은 GPT와 대화 내용을 토대로 사회 갈등 문제를 해결하는 실천적 소통 방안을 토론한다.

○ 정리(20분)

- 각 모둠별로 토의한 내용을 다른 모둠과 공유한다.
- 교사는 모둠별 발표 내용을 피드백하고 정리한다.
- 교사는 GPT의 답변의 정확성과 오류 가능성을 지적하고, 활용 시 유의점을 안내한다.

17) 지리 '인류 공존을 위한 노력'을 주제로 글로벌 시민의식 기르기

■ **주제:** 인류 공존을 위하여 우리는 어떠한 노력을 할 수 있는가?
■ **과목:** 지리
■ **단원:** 지속가능한 세계
■ **수업목표:** 인류 공존을 위한 노력의 필요성을 이해하고 이를 실천할 수 있다.
■ **수업모형:** 프로젝트 기반 학습과 협력적 문제해결 학습 활용
■ **대상:** 중학생
■ **수업도구:** GPT 활용

○ **도입(10분)**

● 교사는 인류가 직면한 문제와(예: 기후변화, 전쟁 및 폭력, 인권침해, 전염병 등) 인류 공존을 위한 노력을(환경보호, 평화운동, 인권운동, 공공보건 등) 소개하면서 학생들과 의견을 공유한다.
● 수업목표와 활동을 안내한다.
● 모둠(4~5명씩)을 구성한다.

○ **전개(70분)**

● 각 모둠별로 인류가 직면한 문제와 이를 해결하기 위한 노력을 토의한다.
● 각 모둠별로 GPT를 활용하여 인류 공존을 위한 노력에 대한 정보를 수집한다.

학생: 지구온난화는 인류가 직면한 위기 중 하나이다. 지구 온난화 문제를 해결하기 위한 노력들 중, 지역이나 가정 수준에서 실천가능한 방안들은?

GPT:

지구온난화 문제를 해결하기 위해서 지역이나 가정 수준에서 실천가능한 방안은 다음과 같다.

1. 재생에너지와 에너지 효율 제품 사용하기: 태양광 패널, 풍력 발전기, 전기차 등을 이용한다. LED 전구, 에너지 절약형 가전제품 등을 구입한다. 이를 통해 화석연료 사용을 줄이고 온실가스 배출을 줄인다.

2. 대중교통, 자전거, 보행 등 친환경 교통수단 이용하기: 자동차 운행을 줄이고 대중교통, 자전거, 보행 등을 이용하면서 온실가스 배출량을 줄인다. 또한 하이브리드차나 전기차를 선택하거나 연비가 좋은 차량을 운전하는 것이 좋다.

3. 식생활 개선하기: 고기 소비를 줄이고 채식주의를 실천하면 가축 사육으로 인한 메탄 배출을 줄일 수 있다. 또한 음식물 쓰레기를 줄이고 재활용하면 메탄 발생을 감소시킬 수 있다.

4. 친환경 소비와 재활용하기: 불필요한 물건 구매를 자제하고 친환경 제품과 에너지 효율이 높은 제품을 구입하면 온실가스 배출을 줄일 수 있다. 또한 자원을 절약하고 재활용하여 새로운 제품 생산에 소모되는 에너지를 줄일 수 있다.

5. 숲과 토양 관리하기: 나무와 식물은 이산화탄소를 흡수하므로 산림 파괴를 멈추고 숲을 가꾸고 보호해야 한다. 또한 화학 비료 사용을 줄이고 친환경적인 농업 시스템을 구축한다. 대나무와 같은 빠르게 자라는 식물도 온실가스 흡수에 도움이 된다.

6. 자동차 공유, 해변 청소 같은 지역 환경 캠페인에 참여 등

- 각 모둠은 GPT와 대화 내용을 토대로 인류 공존을 위한 노력을 실천하는 방안을 모색한다.

○ 정리(20분)

- 각 모둠별로 정리된 내용을 다른 모둠과 공유한다.
- 교사는 모둠별 발표 내용을 피드백하고 정리한다.
- 교사는 GPT의 답변의 정확성과 오류 가능성을 지적하고, 활용 시 유의점을 안내한다.

18) 윤리 '지속가능한 발전을 위한 윤리'를 주제로 글로벌 시민의식 기르기

- **주제:** 지속가능한 발전을 위한 윤리는 무엇일까?
- **과목:** 윤리
- **단원:** 자연과 윤리
- **수업목표:** 지속가능한 발전을 위한 윤리가 무엇인지를 이해하고 이를 실천할 수 있다.
- **수업모형:** 프로젝트 기반 학습과 협력적 문제해결 학습 활용
- **대상:** 중학생
- **수업도구:** GPT 활용

○ 도입(10분)

- 교사는 지속가능한 발전을 위한 실천윤리와 예를 간단히 설명하고 학생들과 의견을 공유한다. (예: 기후변화 대응, 공정무역 등)
- 수업목표와 활동을 안내한다.

- 모둠(4~5명씩)을 구성한다.

○ 전개(30분)

- 각 모둠별로 지속가능한 발전을 위한 윤리에 대해 토론한다.
- 각 모둠별로 GPT를 활용하여 지속가능한 발전을 위한 윤리와 실천 방법에 대한 정보를 수집한다.

학생: 지속가능한 발전을 위한 윤리란 무엇인가?

GPT:

지속가능한 발전을 위한 윤리는 환경을 보호하고 빈곤을 구제하며, 성장을 이유로 자연자원을 파괴하지 않고 경제적인 성장을 창출하기 위한 가치이다. 지속가능발전교육(ESD)은 학습자들이 기후변화와 환경문제, 생태다양성의 손실, 빈곤, 불평등과 같이 글로벌한 과제를 풀어가는 지식과 기술, 가치, 태도를 기르는 교육이다.

지속가능한 사회를 위한 기업의 윤리경영과 소비자들의 가치 소비 기준이 변화하고 있다. 기업의 목적이 단순히 경제적 이윤을 추구하는 것에서 벗어나 사회의 다양한 문제들을 함께 공유하고 지속 가능한 사회를 위하여 함께 노력하는 것으로 변하고 있다. 소비자도 윤리적 소비를 실천하고 있다. 윤리적 소비는 상품이나 서비스를 구매할 때 자신의 소비 행위가 사회나 환경에 가져오는 결과를 먼저 고려하여 윤리적으로 올바른 생산공정과 노동환경 속에서 만들어진 제품을 구매하는 것이다.

학생: 지속가능한 윤리의 실천 사례는?

GPT:

지속가능한 발전을 위한 윤리의 실천은 환경과 사회에 긍정적인 영향을 미치는 다양한 분야에서 나타난다. 예를 들어, 플라스틱 컵 줄이기, 플라스틱 빨대 사용 줄이기, 친환경 생분해성 비닐 사용 등이 있다.

기업도 지속가능한 발전을 위한 윤리를 실천하고 있다. ○○백화점은 플라스틱과 스티로폼 소재 포장재 사용을 줄이는 대신, 땅 속에서 6개월 안에 분해되는 친환경 생분해 비닐을 사용하는 '그린 패키지' 프로젝트를 진행하고 있다. ○○회사는 폐기물 보관 및 운반방법을 개선하고 폐기물을 정확하게 분리 배출하여 재활용을 극대화하는 방안을 개발하고 있다.

학생: 지역이나 가정에서 실천할 수 있는 지속가능한 윤리의 실천 방안들은 무엇인가?

GPT:

지역이나 가정에서 지속가능한 윤리의 실천 방안의 예로 불필요한 물건 구입하지 않기, 남은 음식 유리 용기에 보관하기, 장 볼 때 천 가방을 이용하기, 유기농 제품 구입하기, 에너지 절약하기 등이 있다.

또한 지속가능한 사회발전을 위한 윤리적 소비 실천으로 지역공동체 화폐운동이 있다. 이는 지역경제의 안정화와 활성화를 꾀함과 동시에 지역공동체를 구축하는 것을 목적으로 한다.

- 각 모둠은 GPT와 대화 내용을 토대로 지속가능한 발전을 위한 윤리 실천 방안을 찾는다.
- 교사는 학생들이 GPT가 제공한 정보를 평가(검증)하는지를 관찰하고, 필요한 경우 도움이나 피드백을 제공한다.

○ 정리(10분)

- 각 모둠별로 정리된 내용을 다른 모둠과 공유한다.
- 교사는 모둠별 발표 내용을 피드백하고 정리한다.
- 교사는 GPT의 답변의 정확성과 오류 가능성을 지적하고, 활용 시 유의점을 안내한다.

GPT 한계와 부작용

08

GPT 한계와 부작용

1) 한계

- **표절**: GPT는 학습 데이터셋을 바탕으로 새로운 글을 생성하므로, 표절로 지적재산권 침해 문제가 발생할 수 있다.

- **편향성 문제**: GPT는 학습 데이터에 따라 편향되는 경향이 있다. 이는 특정 집단에 공정하지 않은 정보를 제공할 수 있다. 예를 들어, 여성이나 특정 인종(혹은 국가)에 대한 편견이나 직업에 대한 편견 등 사회적 차별을 담은 정보를 제공할 수 있다. 이러한 문제를 해결하기 위해서는 학습 데이터의 다양성을 높이고, 공정성을 검증하는 것이 필요하다.

- **부정확성**: GPT는 부정확하거나 신뢰할 수 없는 정보를 생성하기도 한다. GPT는 팩트체크를 하지 않는다.

- **거짓말**: GPT는 그럴듯한 거짓말을 자연스럽게 잘 한다. 즉, 뻥을 잘 친다. 따라서 팩트체크가 필요하다.

- 일반화 능력 한계: GPT는 학습 데이터 내에서만 성능이 우수하며, 새로운 데이터에 대한 일반화 능력이 제한된다.

- 대화의 지속성 한계: GPT는 대화의 지속성을 유지하기 어렵다. 현재 Bing.com의 GPT는 30회까지만 대화의 지속성이 유지된다. 30회가 넘으면 이전 대화를 기억하지 못한다.

- 가치판단을 하지 않음: GPT는 윤리적 딜레마 같은 문제에 대하여 가치판단을 하지 않는다. 주관적 판단, 윤리적 판단을 하지 않는다.

> 제동장치가 망가진 기차가 선로 위를 달리고 있다. 선로 위에는 5명의 사람이 있어 선로를 바꾸지 않으면 5명이 죽게 되고 선로를 바꾸면 5명은 살지만 바꾼 선로에 있는 사람 1명은 죽게 된다. 선로를 변경하는 스위치는 당신(GPT) 앞에 있다. 당신(GPT)은 스위치를 어떻게 할 것인가?

> 저는 인공지능으로서 스위치를 조작할 수 없습니다. 이 상황은 윤리적인 문제로 간주될 수 있습니다. 이러한 윤리적인 문제에 대한 의견은 사람마다 다를 수 있습니다. 당신은 어떻게 생각하시나요?

2) 부작용

- 대인 간 고립이 심화될 것: 사람들이 GPT와 대화하면서 사람 간(혹은 학생 간) 고립이 심화될 수 있을 것 같다. 사람들이 디지털 세계에서 GPT와 소통하거나 의존하면서 상대적으로 대인 간 고립이 심화될 수 있을 것 같다.

- 초보적 사고를 덜 할 가능성: GPT를 과제 수행, 아이디어 생성 등에 활용하고 의지하면서 초보적(혹은 기초적) 사고를 덜 하게 될 가능성도 있다. 많은 사람들은 "GPT에게 물어보면 되잖아!"라고 생각할 것이다. 따라서 GPT를 인간의 판단, 비판적 사고 또는 창의성의 대체물로 사용하기보다 학습을 보완하는 데 필요한 지원(혹은 자원)으로 사용되어야 할 것이다.

G쏘 교육혁명

쉽고 재미있고 수업에 바로 활용하는 AI도구

쉽고 재미있고 수업에 바로 활용하는 AI도구

1) 텍스트를 그림으로 표현(텍스트 ➜ 이미지)

○ GPT4

● https://www.bing.com/ 무료

○ DALL·E

- https://labs.openai.com/ 유료

○ CRAIYON

- https://www.craiyon.com/ 무료

○ Stable Diffusion(허깅페이스)

- https://huggingface.co/spaces/stabilityai/stable−diffusion 무료

○ Stable Diffusion(드림스튜디오)

- https://beta.dreamstudio.ai/ 유료

○ 비디스커버(B^DISCOVER)

- 휴대폰 앱: 구글 플레이스토어 → 비디스커버 무료

2) 텍스트를 디자인으로 표현(텍스트 ➜ 디자인)

- https://designer.microsoft.com/ 무료

3) 텍스트를 비디오로 표현(텍스트 ➜ 비디오)

○ Runway

- https://app.runwayml.com/ 유료

○ Cogvideo

- https://replicate.com/nightmareai/cogvideo 무료

4) 영어 글(소설)쓰기: Sudowrite

- https://www.sudowrite.com/ 유료
- GPT−3 기반의 AI 글쓰기 도구. 내가 작성한 내용을 인터페이스에 입력하고 몇 가지 단어를 제시하면, AI가 불길한 어조, 더 깊은 내면의 갈등 등으로 다시 쓰거나, 줄거리를 틀어 제시하거나, 더 은유적으로 작성한다.

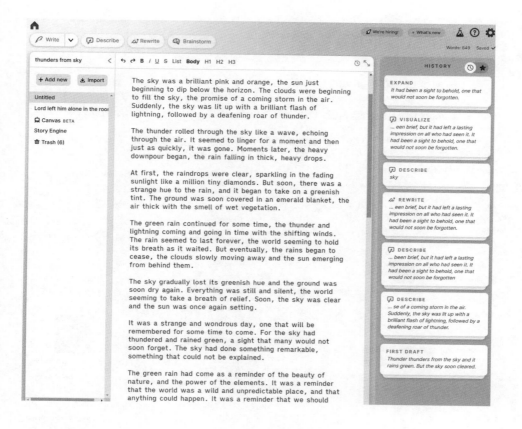

5) 머신러닝(기계학습)

- 기계학습 원리 이해

- 티처블머신(https://teachablemachine.withgoogle.com/train/)

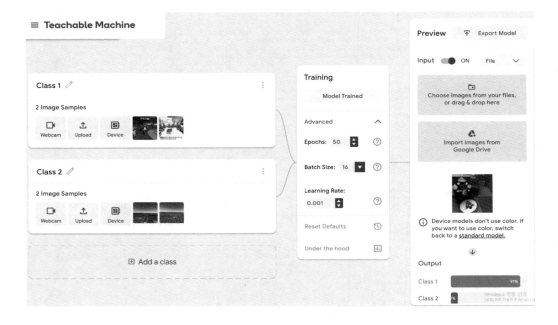

- 퀵 드로우(https://quickdraw.withgoogle.com)

6) 구글 아트 앤 컬처: 미술

- 휴대폰 앱: 구글 플레이스토어 → 아트 앤 컬처 무료
- 아트 프로젝트 / 컬러 팔레트 / 아트 필터 / 아트 트랜스퍼 / 아트 셀파이(초
  상화) 등

미주

1) https://www.intel.com/content/www/us/en/education/teaching−strategy/teaching−4th−industrial−revolution.html

2) https://www.intel.com/content/www/us/en/education/teaching−strategy/teaching−4th−industrial−revolution.html

3) https://www.weforum.org/agenda/2023/05/ai−accelerate−students−holistic−development−teaching−fulfilling

4) https://acerforeducation.acer.com/education−trends/digital−literacy−what−it−is−and−why−its− important/

5) https://www.microsoft.com/en−us/digital−literacy

6) https://gdc.unicef.org/resource/digital−literacy−education

7) https://www.westernsydney.edu.au/studysmart/home/study_skills_guides/digital_literacy/what_is_ digital_literacy

8) https://gdc.unicef.org/resource/digital−literacy−education

9) https://gdc.unicef.org/resource/digital−literacy−education

10) International Society for Technology in Education. (2017). *ISTE standards for educators*. Washington, DC: International Society for Technology in Education.

11) International Society for Technology in Education. (2017). *ISTE standards for educators*. Washington, DC: International Society for Technology in Education.

12) International Society for Technology in Education. (2017). *ISTE standards for educators*. Washington, DC: International Society for Technology in Education.

13) International Society for Technology in Education. (2017). *ISTE standards for educators*. Washington, DC: International Society for Technology in Education.

14) International Society for Technology in Education. (2017). *ISTE standards for educators*. Washington, DC: International Society for Technology in Education.

15) Hinrichsen, J., & Coombs, A. (2013). The five resources of critical digital literacy: A framework for curriculum integration. *Research in Learning Technology, 21*, 1-16.

16) Won Joon Yoo(2022), Introduction to Deep Learning for Natural Language Processing, Wikidocs.

17) Won Joon Yoo(2022), Introduction to Deep Learning for Natural Language Processing, Wikidocs.

18) Won Joon Yoo(2022), Introduction to Deep Learning for Natural Language Processing, Wikidocs.

19) The Journey and Architecture of ChatGPT: A Look Behind the Scenes. https://medium.com/@margauxvanderplaetsen/the−journey−and−architecture− of−chatgpt−a−look−behind−the−scenes−ef35bed11072.

20) https://openai.com/research/gpt−4

21) openai.com

22) https://techcrunch.com/2020/11/12/othersideai−raises−2−6m−to−let−gpt−3− write−your−emails−for−you/

23) https://www.copy.ai/blog/series−a

24) https://oneword.domains/domains−gpt

25) https://transformer.huggingface.co/

26) https://www.techradar.com/news/grammarlys−chatgpt−upgrade−wont−just−im prove−your−writing− itll−do−it−for−you

27) https://www.mostrecommendedbooks.com/gpt3

28) https://plato.stanford.edu/entries/critical−thinking/

29) https://www.britannica.com/topic/critical−thinking
https://www.scribbr.com/working−with−sources/critical−thinking/

30) https://www.britannica.com/topic/creativity

31) https://www.verywellmind.com/what−is−creativity−p2−3986725
https://www.hbs.edu/ris/Publication%20Files/12−096.pdf
https://www.psychologytoday.com/us/blog/prime−your−gray−cells/201801/empi rical−study−reveals− 14− key−components−creativity
https://alqatirat.com/qa/what−are−the−four−components−of−creativity.html

32) https://www.indeed.com/career−advice/resumes−cover−letters/problem−solving −skills

33) https://www.indeed.com/career−advice/resumes−cover−letters/problem−solving −skills

34) https://au.indeed.com/career−advice/career−development/communication−and− collaboration−skills

35) https://teambuilding.com/blog/collaboration−skills
https://www.thebalancemoney.com/collaboration−skills−with−examples−2059686
https://www.atlassian.com/work−management/project−collaboration/colla

borative−culture/ build−collaborative−communication

36) https://www.microsoft.com/en−us/digital−literacy

37) https://gdc.unicef.org/resource/digital−literacy−education

38) https://gdc.unicef.org/resource/digital−literacy−education

39) https://gdc.unicef.org/resource/digital−literacy−education

40) https://www.globalcitizenyear.org/content/global−citizenship/

41) https://www.un.org/en/academic−impact/global−citizenship

42) https://www.globalcitizenyear.org/content/global−citizenship/
https://www.oxfam.org.uk/education/who−we−are/what−is−global−citizenship/

43) https://www.verywellhealth.com/self−regulation−5225245

44) https://www.verywellhealth.com/self−regulation−5225245

45) https://dictionary.cambridge.org/dictionary/english/adaptability

46) https://www.indeed.com/career−advice/career−development/adaptability
https://evernote.com/blog/improve−adaptability−manage−your−life/

47) https://www.petersons.com/blog/A−Brief−History−of−the−SAT−and−How−It
−Changes/

48) https://www.petersons.com/blog/A−Brief−History−of−the−SAT−and−How−It
−Changes/

49) https://www.globalcitizenyear.org/content/global−citizenship/

50) https://www.un.org/en/academic−impact/global−citizenship

51) https://www.weforum.org/agenda/2021/01/future−of−education−4−scenarios/

52) https://www.brookings.edu/opinions/what−is−the−role−of−teachers−in−prep
aring−future−generations/

53) https://www.weforum.org/agenda/2023/05/ai−accelerate−students−holistic−deve
lopment−teaching− fulfilling

54) https://www.forbes.com/sites/forbestechcouncil/2021/07/19/three−ways−edtech−
platforms−can−use−ai−to−deliver−effective−learning−experiences/?sh=
5248e5134f98

55) https://cybernews.com/editorial/chatgpt−in−classroom/

56) https://www.edweek.org/teaching−learning/opinion−19−ways−to−use−chatgpt
−in−your−classroom/ 2023/01

57) https://www.oecd.org/education/school/2635399.pdf

58) https://onlinelibrary.wiley.com/doi/10.1111/ejed.12398

59) https://www.gse.harvard.edu/news/20/12/what−future−education−looks−here

60) https://www.weforum.org/agenda/2021/01/future−of−education−4−scenarios/

저자소개

김대석(daesok-kim@hanmail.net)

공주대학교 사범대학 교육학과 교수
공주대 대학원 AI융합교육학과 학과장(현)
공주대 교육대학원 AI융합교육전공 전공주임(전)

[저서 및 논문]
『쉽게 풀어 쓴 교육과정과 수업의 이해와 실천』(3판)(박영사)
『실패없는 아이: 모두가 행복한 학급 만들기』(박영사)
『아이들의 눈으로 본 학교와 교실 이야기: 잠재적 교육과정의 이론과 실제』(박영사)
『아이들의 눈으로 본 수업 이야기: 좋은 수업의 이론과 실제』(박영사)
『Systematic review of virtual reality-based education research using latent dirichlet allocation』
『좋은 수업의 의미와 특성 분석』
『사회정서학습의 중요성 인식에 관한 한국과 미국의 비교연구』
『Social and emotional learning in aclassroom』
『좋은 수업을 위한 교수학습결연 탐구』
『인지·정서통합계발 수업의 설계원리 및 방법 탐구』
『협동학습과 수학에 대한 정의적 태도의 관계분석』
『학교 교육과정의 효과성에 관한 연구』
『학교 과학교육과정이 과학과 학업성취도에 미치는 영향의 크기 측정』 외 다수

홍후조

고려대학교 사범대학 교육학과 교수
제25대 한국교육과정학회장
제14대 안암교육학회장
봉암학원 이사, 전 이화학원 이사
전 인하대학교 사범대학 교육학과 조교수
전 한국교육개발원, 한국교육과정평가원 연구위원

[저서 및 논문]
『알기 쉬운 교육과정』(2판)(학지사)
『최신 교육과정 재구성의 이론과 실제』(박영사)
『핵심역량을 길러주는 핵심 프로젝트의 이론과 실제』(교육과학사)
『최신 교육학 개론』(교육과학사)
『교육과정의 이해와 개발』(문음사) 외
『국가 수준 교육과정 연구 개발 패러다임의 전환(I, II, III, IV)』
『교육과정학의 학문적 정체성 탐구(I, II, III)』
『학제-교육과정-교원양성 운용, 교육의 기본제도의 불일치』 외 다수

GPT가 쏘아올린 교육혁명: GPT 활용 고등사고능력 개발하기

초판발행   2023년 8월 31일

지은이   김대석·홍후조
펴낸이   노 현

편 집   배근하
기획/마케팅   허승훈
표지디자인   BENSTORY
제 작   고철민·조영환

펴낸곳   ㈜피와이메이트
              서울특별시 금천구 가산디지털2로 53, 210호(가산동, 한라시그마밸리)
              등록 2014. 2. 12. 제2018-00080호
전 화   02)733-6771
f a x   02)736-4818
e-mail   pys@pybook.co.kr
homepage   www.pybook.co.kr
I S B N   979-11-6519-443-7   93370

정 가   13,000원